U0677911

本书系教育部高校示范马院和团队建设项目思政课教学方法改革项目择优推广计划"专题项目驱动下思想政治理论课教学模式创新研究"（项目批准号19JDSZK134）的研究成果

九州文库

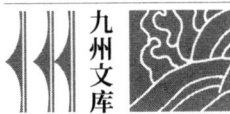

高校思想政治理论课教学模式研究

——基于专题任务驱动

丁立磊　李紫烨　刘一尘　著

九州出版社
JIUZHOUPRESS

图书在版编目（CIP）数据

高校思想政治理论课教学模式研究：基于专题任务驱动 / 丁立磊，李紫烨，刘一尘著 . -- 北京：九州出版社，2022.10

ISBN 978-7-5225-1233-4

Ⅰ.①高… Ⅱ.①丁… ②李… ③刘… Ⅲ.①高等学校—思想政治教育—教学模式—研究—中国 Ⅳ.①G641

中国版本图书馆 CIP 数据核字（2022）第 189378 号

高校思想政治理论课教学模式研究：基于专题任务驱动

作　　者	丁立磊　李紫烨　刘一尘　著
责任编辑	曹　环
出版发行	九州出版社
地　　址	北京市西城区阜外大街甲 35 号（100037）
发行电话	（010）68992190/3/5/6
网　　址	www.jiuzhoupress.com
印　　刷	唐山才智印刷有限公司
开　　本	710 毫米×1000 毫米　16 开
印　　张	14.5
字　　数	205 千字
版　　次	2023 年 1 月第 1 版
印　　次	2023 年 1 月第 1 次印刷
书　　号	ISBN 978-7-5225-1233-4
定　　价	95.00 元

目 录
CONTENTS

绪　论

第一节　研究背景与意义

一、研究背景

随着中国进入新时代，我国的现代化建设也进入新的历史阶段，在实现"两个一百年"奋斗目标的过程中，我国的方方面面都发生了深刻变化。21世纪的中国正处在前所未有的历史转型期，市场经济逐步向纵和深发展，资源配置的方式、人们对社会的观点和看法都在不同程度上发生了转变，并且这些转变是复杂的、多样的。另一方面，随着国际交往的日益加深，我国与国际社会的联系越来越紧密，与其他国家在政治形态、经济模式、价值观念、生活方式和生活态度等多方面都发生了碰撞和融合，在碰撞和融合的过程中，一些青年人的信仰发生了缺失，他们的世界观、人生观和价值观受到了巨大的冲击，因此，文化多样性和价值观多元化日益成为当代青年的重要特征。

高校思政课是对大学生进行系统的马克思主义理论教育的重要阵地，面对日益复杂的价值多元化问题，意识形态建设工作必须成为高校教育工作的重中之重。高校必须提高大学生的思想政治理论教育的成效，这就需要高校教师顺应时代的发展变化，顺应大学生成长成才的教育规律，不断进行教学方式和教学模式上的改革，这样才能真正发挥思政课的教育作用，才能增强课堂教育的实效性。

因此，教学方向上的改革和突破就成了当前高校面临的困难和挑战，同时这也成为教育教学改革的难点和热点。随着信息化社会的飞速发展，高校教育也受到了前所未有的挑战，原来的传统教学模式，即老师讲学生听的模式，已不再适应信息社会环境下大学生的课堂教育，因为传统教学模式长期以来压制了学生的创造性和积极性，无法培养出适应新时代的人才。当前对高校新型教学模式的探索尚处在初步阶段，值得进一步研究。当然，国内很多学者也都提出了不同类型的教学模式，包括：自主探索学习、项目基础上学习、反转课堂、分工协作、研究性学习等，但是由于传统教学模式的根深蒂固，这些新的教学模式并没有真正占据主导地位。所以，直到现在国内也没有形成一套完整、严密、可操作性较强的理论体系和教学模式，在此基础上，各级各类学校深化教学改革就成了当前工作的重中之重。如何构建既符合新时代要求，同时又能发挥老师的主导作用和学生的主体作用的新型教学模式呢？这是各级各类学校面临的重大课题。而专题任务驱动是在任务驱动教学法的基础上，创新出的一种更加凝练、更加具体、更加细化的教学模式。

近年来，以习近平同志为核心的党中央对切实加强和改进高校思政课建设做出了一系列重要部署，提出了一系列明确要求，这不仅表明了中共中央对意识形态工作的重视，更是对青年大学生健康成长的亲切关怀。因此，高校思想政治理论课作为传播思想政治教育的重要载体，重点应放在不断进行教学方法的有效变革和教学途径的不断创新上。从马克思主义理论研究和建设工程启动和实施以来，已经将近十年的历程，在这十年中，马克思主义理论研究和建设工程对高校的思想政治理论教育课程的建设起到了重要的推动作用，并在课程建设方面取得了一系列进展，明显改善了教学效果。新时期、新特点、新任务，习近平总书记的一系列重要讲话关于思政课建设的，给高校思想政治理论课带来了前所未有的机遇和挑战。当前高校思想政治理论课建设面对着新形势、新任务、新特点，这就需要高校加大力度，进行思政课教学模式和方法的改革和创新。当前各级各类学校越来越重视教学方面的改革，因此，越来越多的学者积极探索和研究思政课教学的创新模式，不断提升高校青年大学生的马克思主义理论素养，不断提升思政课创新模式对思政课落地落实的重要作用，对于加强和改进高校思想政治理论课具有重要的现实意义。

二、研究意义

1. 理论意义

本书重点挖掘和梳理了高校思想政治理论课教学模式方面的研究成果，分析整理了高校思想政治理论课教学模式的内涵和思想政治理论课教学模式的理论基础。同时，全面分析了当前高校思想政治理论课的教学模式，指出当前思政课教学研究中存在的一些问题。本书提出的基于专题任务驱动的高校思想政治理论课教学模式，可以有效解决当前高校思想政治理论课中存在的一些问题，切实做到思想政治理论课中主体性与主导性相统一。该教学模式更能够推动高校思想政治理论课落地，进而落实立德树人根本任务，具有重要的理论价值。

2. 实践意义

本书提出的基于专题任务驱动的高校思想政治理论课教学模式能够有效发挥教师主导地位和学生主体地位，有效提升思想政治理论课的实效性和针对性，在河北金融学院实施以来，取得了良好成效，具有很好的示范意义，对于高校思想政治理论课教学的改革提供了很好的范例。

第二节 国内外研究综述

一、国内研究综述

近年来，党和国家高度重视高校思想政治理论课的教学工作。在课程设置方面，石云霞主编的《高校思想政治理论课程建设史研究》（2006）一书就从历史的角度系统梳理了从新中国成立以后，高校思想政治理论课课程的建设发展情况，特别是党的十一届三中全会以来，思想政治理论课不仅进行了恢复重建，还进行了三次重大的课程改革，在分析梳理思政课改革历史的基础上，在深层次上，又进一步指出思政课教学改革的成绩、教训和经验，并且在未来发展上对思政课教学改革进行了分析和展望，秦宣在《新中国成立60年来高校思想政治理论课沿革及其启示》（2009）一文中指出，我们党从新中国成立以来就一直高度重视思政课的理论教学工作，从一定程度上来讲思政课课程改革反映了我国在社会主义建设道路上的成就与挫折，经过这么多年的改革与探索，思政课课程建设越来越向着好的方向发展，经验也越来越丰富。

顾海良、佘双好主编的《高校思想政治理论课程教学改革研究》（2006）从理论和实践相结合的角度，联系时代发展特点，密切结合思想政治理论发展的新形势和思政课建设新要求，对高校思政课的改革问题和发展方向等做出了回应。

骆郁廷主编的《高校思想政治理论课程》（2006）一书则从多维度入手，深入探索高校思想政治理论课的历史发展过程、教学方法和原则、课程建设体系等，为后来人研究和探索思政课程模式改革提供了借鉴意义。顾海良等著的《高校思想政治理论课程建设研究》（2009）全面分析和阐释了高校思想政治课程的基本问题。从理论、现实、历史的角度充分讨论了高校思想政治理论课逐步从马克思主义理论课程教学内容内化为大学生思想道德素质的基本教学规律。

陈占安在《思想政治理论课建设要着力抓好教材、教师、教学三个环节》（2014）中指出，为贯彻落实党和国家对于全面深化改革的迫切要求，高校思政课改革也要听从党和国家指示精神，跟上改革的步伐，从教材、教师、教学三个基本环节入手，把三者结合在一起。

党和国家关于高校思政课建设和改革的若干文件，都为新时期高校思政课建设指明了方向，各级各类学校也是积极响应文件精神，不断进行教学改革，提升思政课的实效性和针对性，让思想政治教育真正入耳入脑入心。但是当前高校思想政治理论课的开展仍面临很多困难，有很多问题需要解决。

首先是学生主体性不强。崔红丽（2020）提出大学生对思政课获得感期待低，因为学生在中学时期对需要大量背诵记忆的政治课产生厌倦，导致其在大学阶段对于思政课的兴趣缺失，对思政课形成空洞和不切实际的错误认知。夏依丁（2020）提出学生的学习动机越来越趋于功利化，将考试成绩作为学习的目的，从而导致思政课开展的实效性降低。刘文芳（2020）则是认为大学生个体意识不断张扬，在情感需求、价值观念等方面寻求个性化、自主化发展，与思政课引领大学生形塑国家意识形态一元性之间存在张力；思政课教学往往偏向宏大主题和抽象叙事，这是由其本身的行为特点和理论基础所决定的，但是学生受当下功利主义的影响将有用性作为学习的驱动力，都成了高校思政课开展所存在的困境。黄超（2020）则是认为高校思政课传统教学观念错位，仅注重知识点的传播而没有真正让学生产生学习动机，不能满足学生的精神需求，从而导致学生对思政课的主体认同缺失。艾娜（2020）认为当前存在思政课学生主体性泛化的表现。部分学生抢夺课堂话语权，教师主导性过于薄弱；部分学生走向自我中心主义，过分关注自身权利而忽视自身义务；思政课教学活动娱乐化等问题，造成思政课教学活动的混乱。李虹（2018）认为当前思政课存在认知缺位、角色错位、行为失位等问题，相关部门各自独立，各司其职，缺乏有效的沟通协调机制，导致高校思政课教学，尤其是实践教学，学生主体性发挥困难。

其次是教学方法陈旧。段俊杰（2020）认为课本内容与国内外快速发展的形式不能完全匹配，而非所有教师都能弥补这种差距，并且对于学生提出的问题也不能给出具有理论性的充满说服力的解答，使得学生缺乏对于思政课的兴趣，直接导致思政课的实效性降低。蒋玉（2021）则着眼于思政课教学话语体系的构建，未能构建系统化、科学化、生活化的话语体系难以让思政课达成实效。李蕉（2020）认为当前思政课课程评价面临困境，教育部所提倡的"开放式个性化考核"在实操中存在一定困难，课堂评价的改革需要配备逻辑自洽、系统完备的评价细则，才能将终结性评价转变为形成性评价。王清玲（2016）以体验式教学法为例对于思政课教学过程进行调查，发现多数老师对于该教学方法表示认可，但并未能运用到实际授课中，教师的教学方法改革仍需进一步加强；而使用创新教学方法的教师也存在未能从学生具体需求出发开展教学设计，导致教学设计与学生实际脱节而影响改革的积极性。胡靖（2021）则认为当前高校思政课不够鲜活，教学内容脱离实际发展需要，从而导致学生的排斥和疏远；一些思政课教师以概念解释概念，用理论诠释理论，这样的理论灌输导致学生对思政课产生抵触。郭岩磊（2021）认为当前新媒体的发展为思政课教学的开展带来了便利，但是又出现了教学过程过度依赖多媒体，丧失理论魅力，缺乏对多种形式开展思想政治理论课教学的创新。李婉露（2020）认为高校思政课理论教学和实践教学协同存在困境，实践教学被弱化，实效性不强，不能与理论教学有机结合，碎片化、随意化特征明显，都影响了思政课立德树人的实效性。肖影慧（2020）则认为当前思政课与红色文化、中华传统文化教育相融合存在困境，当前部分学生群体追求新事物，与红色文化中的严肃性、精神性出现对立，而西方资本主义价值观念的渗透也对思政课教学提出了更高的考验。

最后是教学评价不理想。李巧针（2020）认为当前高校思政课教师不断进行多样化的教学模式的改革，将越来越先进的教学手段和模式运用到教学中去，但是高校对于思政课教学质量的评价仍然单一落后，导致有些教师惮于评价后果而不敢大胆进行教学改革。白双翎（2021）认为当前高校思政课教学评价存在评价指标缺乏科学性、评价内容缺乏完整性、评价方法缺乏多元性、评价结果缺乏权威性等问题，现阶段思政课评价指标体系难以充分满足思政课改革与实践要求。周丹（2021）提出高校思政课教学评价形式与课程目标分离，不能真实反馈学生的综合素质，评价过程流于形式，缺乏指导性和真实性。同时思政课课堂教学与实践教学的评价工作看似全面铺开，实际已然失效。陈凤美（2021）认为当前思政课教学评价淡化了思想性、人文性、教育性和实践性的评价，而是转变为分数化、单向性和随意性评价，单一的考试评价已经与教材改革、教学改革脱节。吴琳（2021）则是认为当前滞后的教学评价理念只能评价学生对知识目标的掌握程度，仅用孤立、静态的眼光评价学生当前的思想政治素养，并且当前传统的教学评价工具，如纸笔测验、调查问卷等无法科学客观地对学生的学习效果进行评价和甄别。

应当如何解决当前思政课教学过程中存在的这些问题，已经成为一个热点话题。许多专家学者针对当前思政课开展的困境提出了一系列创新的教学模式。通过贯彻落实习近平总书记提出的"八个相统一"，加强教学模式的改革创新，切实提高学生的获得感，让思想政治理论课实现立德树人的根本目标。

截至目前，与基础课教学法相关的专著和论文有很多，例如，著作方面主要有贾少英著《"思想道德修养与法律基础"课教学法》（2007）、余玉花主编《思想道德修养与法律基础教学论》（2009）、大连理工大学组编，马莹华、郭玉坤主编的《"思想道德修养与法律基础"课案例式专题教学教师用书》（2008）、鲁玉桃、唐青女编著《思想道德修养与法律基础学习践履》（2009）等，这些著作主要阐述了他们在教学理论研究和教材运用过程中的体会和体悟。论文方面主要有陈淑庄的《高职院校思想政治理论课"任务驱动"教学模式探析》（2009）、洪建勋的硕士论文《关于任务型教学法的行动研究》（2006）以及苏亮乾的《在教学中坚持科学性、实践性和现实性的统一——高校思想政治理论课教学改革的探索与思考》（2006）。

已有研究表明，思政课教学方法改革相关研究成果较为丰富，主要集中在两个方面：

1. 研究思政课教学方法的原因。很多国内学者认为教学方法是否改革与思政课课堂的教学效果是有很大关系的，大多数学者都是从师生角色以及教学这两个角度进行研究。例如：于世华、庄三舵（2007）认为教学方法的改革离不开学生主体性作用的发挥。大多数学者认为在教学过程中，要充分发挥教师和学生两者的主体性，这样可以更好地发挥课堂教学的实效性。

2. 研究思政课的具体教学方法。目前很多学者就思政课的具体教学方法进行了大量的研究和探索，也研究出了很多创新的成果。比如周慧杰（2008）的参与式教学法、马保华（2009）的体验式教学法、晏玉荣（2009）的主题合作式教学法、蔡蓉英的案例教学法、管小青（2009）的情感教学法、王臣申（2009）的"三联教学法"、黄丽春（2008）的研究型教学法等。这些教学方法可以具体运用到不同的课堂教学中，其中无论是学生全程参与课堂教学活动，还是师生、生生互动教学法，抑或是通过生动的案例来提高学生的兴趣，都是非常有创新的教学方法。

近年来，对于思政课教学改革的探讨多集中于具体教学模式，以学校运行的教学模式为基础提出不同的教学模式创新。马一（2020）提出混合式教学的模式，顺应"互联网+教育"的趋势，将信息技术与思政课教学相融合，通过视频、测试、论坛等线上资源与线下课程以及考核的结合让思政课更受学生欢迎，教学效果有所提升。该教学模式顺应当前互联网技术普及和发展的趋势，是当前热门的教学模式，葛虹佑（2020）、凌小萍

（2020）、张玉华（2021）等都对于"互联网+教育"的混合式教学模式进行过论述。张乐（2018）研究"翻转课堂"教学模式，将传统课堂与在线教学相结合，赋予学生更多自主学习的时间，同时也使课堂的教学更具问题导向性。邹慧（2021）研究分课堂教学模式，将教学过程分为教师讲授以及学生讨论两部分，从而充分调动学生的主体性。王云霞（2020）对"内容为王"教学模式进行探究，强调内容为王的教学模式要同时运用好新媒体的支撑、案例教学的辅助以及思想内容的灌输，三者相辅相成才能最终促成思政课教学"内涵式"教学模式的改革和创新。张瑀（2022）探析情境教学模式，利用创设的情境激发学生的学习兴趣，引导启发学生通过阅读、讨论等形式探究情境，收获知识。通过情景交融的课堂氛围与强烈的感官刺激引发学生的情感共鸣和价值认同，从而促进思政课价值目标和情感目标的达成。李灵曦（2021）研究"双主体"教学模式，强调教师与学生在教学活动中的关系，认为教学活动是一个师生互动、共同完成教学目标的过程。发挥教师主导性、教学原则性和教育实践性的原则，既坚持了教师的主导又彰显了学生的主体性。马焕（2020）对"智慧课堂"的教学模式进行探究，以创造能力为核心培养目标，以问题为导向让学生自主设计任务，从而实现行动力、思维力和创造力的塑造，在发现问题、解决问题的过程中学习理论知识，并通过实践重新构建理论与现实的认知，从而激发学生的学习主动性和创造性。檀传宝（2021）对思政课社会实践教学模式进行研究，认为简单提倡社会实践并不能满足思政课的需求，当前社会实践教学导致学生对实践的意义和价值认识不深刻，对实践学习的整体期待较低，需要充分利用现有资源，完善制度，营造社会实践的氛围，提高学生实际参与程度，提升学生获得感。

上述教学方法在实际的课堂教学中都起到了积极的作用，但是在实际授课当中，肯定不是只用一种教学方法，而是综合运用多种教学方法，那么要如何把教学方法和教学内容有机联系起来，这是我们需要思考和探索的问题。任务作为连接二者的纽带，可以把两种甚至三种以上教学方法串联起来，形成一个完整的教学模式，进而提高课堂教学实效性，实现教学的目标。

目前，高校思想政治理论课教学模式的研究是学术研究的热点论题，而专题任务驱动教学法与高校思想政治理论课的教学模式也开始成为研究的热点，越来越多的学者和专家对其进行研究探讨，这对于高校思想政治理论课改革有着充分的促进作用，有助于提升高校思政课的实效性。

第一，关于高校思想政治理论课教学方法的研究，主要从宏观层面和微观层面进行探讨。首先，从宏观层面进行研究，便是从当前高校思想政治理论课教学方法的不足进行研究。高校思想政治理论课是实时更新的课程，每年都会有不同的内容填充，并且思政教育不只是一种知识教育，更是一种全面的素质教育，其中实践能力的培养也是至关重要的，素质教育如何明确化、具体化则是现今高校思政课堂所面对的难题。所以思想政治理论课的教学方法也应该是随着教学内容的更新而不断发展完善的。张耀灿教授（2011）指出："思想政治教育是一个创新的开放型的系统工程，只有采用新的手段、运用新的方法，才能保证培养'四有'新人根本任务的完成。"其次，从微观层面进行研究，这方面的研究起步较宏观层面来讲要晚，但却是当前研究的趋势所向，在了解宏观层面的不足之后，便需要从具体的思想政治理论课教学方法层面进行改善。如颜新跃（2013）探究了问题本位教学法，即以问题为中心，通过个人及小组等多种形式的探究解决问题，将学术与现实相连接，尊重学生的权利，注重学生的社会化，将干巴巴的书本问题变为与现实连接甚密的现实问题。张鑫（2012）认为访谈法给思想政治教育工作扩宽了更多的研究领域和视角，可以通过结构式访谈、无结构式访谈和半结构式访谈进行思想政治理论教学。许多专家学者所提出的思想政治理论课教学方法都为思想政治理论课的教学改革提供了范例和借鉴，但是也存在片面的问题，即使很多研究涉及多层面多方向，但在实践中仍存在薄弱点和不充分的方面。

第二，关于高校思想政治理论课专题任务驱动教学法内涵的研究。郭绍清在《任务驱动教学法的内涵》（2006）中这样解释：任务驱动教学法能够很好地应用于实践性、实验性与操作性强的教学内容的教学。它的含义是以富有趣味性的且能够激发学生学习动力的情景为基础，以紧密结合教学内容的任务为载体，使学生在完成任务的过程中获得知识和技能的一种教育教学方法。邓秀华在《基于"任务驱动"的思想政治课教学模式探讨》（2010）中指出任务驱动教学模式是在整个教学过程中以任务作为主线，调动学生主体性，探究、分析问题并解决问题，从而培养学生主动学习探索和创造创新能力的教学模式。曹海忠在《"任务驱动"教学法在初中思想品德课教学中的运用策略》中写到，"任务驱动"教学法就是教师根据教学目标和重点发布任务，以完成教师发布的任务为中心和主线，将教学内容巧妙地有机地融合于任务中，而学生在教师的指导下经过研究寻找思路和方法从而解决问题。目前各学科教学中运用任务驱动教学方法的比重提高，任务驱动教学方法日趋成熟，成为当前运用较多并被证明行之有效的教学方法。

第三，关于高校思想政治理论课专题任务驱动教学法基本特征的研究，主要从教学主体、任务目标等方面进行分析。从专题任务驱动教学方法的指导思想、运行模式、任务目标、评价体系等多方面对其进行研究，从而能够更加娴熟地将其运用于其他学科中，并有效提升该教学方法的实效性。陈淑庄在《高职院校思想政治理论课"任务驱动"教学模式探析中》（2009）提出"任务驱动"教学模式有以下特点：1. 教师创设情景，引导学生主动学习，凸显教师主导性和学生主体性统一；2. 更加重视教学过程，在学生学习的过程中完成知识建构，达到教学目标，完成教学要求；3. 任务设计既要有创新又要贴近学生实际。倪琳妍在论文《高职院校思想政治理论课任务驱动教学法研究》（2010）中提到任务驱动教学法主要特征是：1. 有内涵；2. 可完成；3. 有不同；4. 真实性；5. 实践性；6. 灵活性。

第四，关于高校思想政治理论课专题任务教学模式的研究。当前对于高校思想政治理论课专题任务教学模式的研究较为丰富，还有许多研究在专题任务教学模式的基础上进行创新，提出新的教学模式。

朱文达等人在《高校思政课走班专题式教学模式的优化路径》（2021）中提出走班专题式教学模式，侧重于发挥教师优势，既实现了师资的优化，使不同教学内容由最合适的教师进行讲授，又能够帮助授课教师专注于专题教学，精益求精；同时学生能够接触多种教学风格，提升对于思政课的兴趣，积极性更加容易被调动，增强学生的主体性，从而增强思想政治理论课教学的实效性。走班专题式教学模式是在专题任务教学模式基础上的创新，实现了师资配置的优化和教学内容的聚焦，是对于当前师资力量薄弱情况的解决方案。但是走班专题式教学模式仍面临多种问题，首先是专题设计问题，专题之间容易缺乏逻辑性，割裂课程本身的内在逻辑，使得各个专题被割裂、被孤立，造成知识的零碎而不能总而观之；各教师只负责自身专题，缺乏必要交流探讨；专题设置雷同于教材或者脱离教学大纲等。其次是教学评价问题，走班式专题教学模式对于学生来说会接触多位授课教师，教学考核难度上升，教学评价不够准确。

曲宏歌、姜淑兰在《思政课三位一体教学模式的探索》（2021）对于"导学+专题+问题"三位一体教学模式进行探索，开展导学、凝练专题、提出问题并解答问题以回应导学。该模式中，导学是关键，是贯穿教学过程的主线；以专题作为呈现形式，是教学的有力抓手；问题作为载体和专题构建的基础，最终实现思政课的价值输出功能。该教学模式通过导学的方式让教师筛选正确的媒体信息提供给学生，发挥教师的主导性作用，同时通过多种教学形式吸引学生，发挥学生主体性，实现教师主导性与学生主体性相统一的客观要求。同时通过导学、专题更新、新专题设置等方式跟踪实践发展，将党的最新理论成果、精神指示、国际形势变化、政策更新调整等实时更新的内容融入课堂，在尊重教材基本框架的同时又展现了高度的灵活性。该三位一体教学模式同样是在专题任务教学模式的基础上衍生的教学方法，通过教师导学、专题设置、解答问题的方式进行思政课教学改革。但该模式仍然面临着专题设置不合理、与教材脱离、缺乏高素质教师团队、评价体系不完善等多面困境，需要将三部分融会贯通才能够最终形成完善的三位一体教学模式。

曹玉婷在《高校思政课实施专题化教学的有效性对策》（2021）中对于思政课专题化教学进行了宏观的阐释，认为在西方的价值观念与社会多元思潮的冲击下，传统的教育体系、教育模式和教育方法已经很难适应新时代的教育需求，专题化教学能够帮助教师缓解教材和教学之间的矛盾，转变学生重知识轻思想的学习观念，满足高校思想政治教育改革的现实要求。同时，作者也提出实施专题化教学过程中的问题。首先便是教学内容的安排，如何在遵循各个专题内在逻辑联系的同时还能够做到知识点的有效衔接以及如何安排专题教学的重难点，是教师首先要面对的问题；其次是教学内容脱离学生实际，教学内容要贴近学生实际，符合学生的成长规律和心理认知规律，从而调动学生学习和参与教学过程的积极性，才能够帮助学生更顺畅地理解、接受思政理论知识；最后则是缺乏对于教学过程管理的重视，教师与学生需要较长时间磨合，才能够让教师所讲与学生所学能保持一致，使得学生能够对课程内容有完整而清晰的认知。作者对于专题化教学的必要性以及困难所在都有清晰的认知，但只是宏观表述，并未切实从实践中对思政课专题任务教学模式进行阐释，无法切实指导教学改革。

孙多玲在《基于问题逻辑的高校思政课专题教学模式研究》（2021）中对思政课专题教学模式进行论述，视角更注重于教师层面。教师是讲好思政课的关键所在，专题教学要求"教师自身需具备广博的科学知识、扎实的理论功底、敏锐的政治眼光和独特的观察视角"，对于教材要熟记于心，能够驾驭教材，让教材为己所用，而不是照本宣科。在扎实掌握理论知识的基础上，再紧密结合现实问题，以当前社会热点、难点问题和学生最关切的问题为依托进行讲解，剖析思政理论知识的现实意义，让学生从理论与实践的双重角度学习思政理论知识。同时要加强对教学的监督和管理，教师之间要相互合作，保证专题间存在内在逻辑联系，但是又不重复导致学生厌倦，同时要建立系统性的考核机制、评价机制和监督机制，保证综合全面立体化的评价。但作者也是从宏观角度对于思政课专题教学的必要性以及困境进行研究，并未从微观现实层面给予切实指导。

周莲芳在《探索实践"菜单式专题讲座型"的研究生思政课教学模式》（2015）中阐释了在南京师范大学中的专题讲座型教学模式的改革。将教学内容按照标准划分为不同专题，并由不同学科背景的教师备课授课。专题结合教学目标和教学大纲，联系国内外热点、难点问题和实际情况，让研究生根据自身兴趣自由选择专题。这种专题讲座型教学模式极大提高了学生的兴趣，激发了学生主体性，也激发了教师教学的积极性，形成教学相长的局面，辅以考核方式的改革，获得了教师和学生的一致好评。虽然作者所讲的专题讲座型教学模式只开放给人数较少的研究生，并不能在本科生中开展，但仍在教学内容的设置以及考核方式的改革方面提供了帮助。

李锋清在《思政课专题式翻转课堂教学改革研究》（2020）中研究专题式翻转课堂的教学模式。首先是教学内容设置，教师根据教学内容和学生的实际情况，将课程划分为有内在逻辑联系的若干专题，而后依据划分的专题，运用反转课堂的教育教学理念，开设具有极强针对性又将教材内容完整融入的系列专题教学。在教学过程中，教师以社会热点和学生所关切的问题为中心，引导学生进行一轮探讨，帮助学生从理论和实践统一的层面理解消化所学知识，形成教师主导性与学生主体性统一的模式。这样的专题式翻转课堂教学模式既能够促进教师从讲授者变为引导者和参与者，又能够调动学生的积极性，让学生作为课堂主体参与学习过程，还能将教材活化为生动的内容，避免内容的死板，从而带给学生更好的学习体验。但是该教学模式的运行也对课堂提出了更高的要求。首先是教师的综合素养需要提升，作为引导者的教师需要掌握新技术与新媒介开展教学；其次是需要学生养成自主学习的习惯；最后是要对教学内容进行解构优化，使各专题任务之间能够更好地衔接。

肖丽、王琳琳在《经典阅读融入高校思政课专题教学的必要性与实践路径探析》（2021）中对经典阅读融入专题任务式教学模式进行了探析。思政课专题任务教学模式便是要做到教师主导性和学生主体性相统一，如何培养学生自主学习的能力和素养是其中的关键，作者便是以经典阅读作为加强学生人文素养的手段，既能够提升学生综合素质，又可以提升思政课的学理性、知识性和价值性、针对性。将马列主义经典著作、历史和文学经典、中国传统文化经典加入专题教学模式中，让经典阅读与专题任务式教学模式相辅相成。经典阅读可以为思政课专题教学服务，提升思政课教学的实效性，拓宽学习内容，提升专题教学的学理性和针对性，而思政课专题教学有助于提升学生综合素质，实现理论性和实践性的统一，从而使学生深入了解课程、了解社会、了解时代，更加深入地体会经典阅读的精神实质。作者从微观的专题设置上对于经典阅读与专题教学模式的结合进行梳理，是对于专题设置的有益尝试。

对于高校专题任务教学模式的研究很多，但是多半是从宏观的必要性、存在的问题出发进行阐释，并没有详细描述专题任务教学模式开展的相关情况。而存在的问题也多集中于以下几点。首先是专题的设置问题，专题任务教学模式以专题为基础，不同于以教材内容逻辑线索为基础的线性教学模式，专题之间有联系但不紧密，所以如何使专题之间的内在逻辑联系不割裂，又能够加入党的最新指示精神、国内政策和国外形势，对于专题任务教学模式来说是一大考验。其次是学生的主体性不足问题，当前思政课要求做到主导性与主体性统一，教师要从课堂的主持人变为引导者，对于经验丰富的教师来说需要一段时间的调整，在互相探讨之下能够实现，但是学生在对思政课轻视甚至厌倦的情绪下如何成为课堂的主体，用何种方式吸引学生注意力是专题任务式教学模式需要解决的重大问题。最后便是教学评价问题，完善教学评价体系是国家的政策要求，也是推进思政课教学改革的现实要求，是提升实践教学的重要手段。但是当前思政课教学评价缺乏全面性与多元性，将传统的教学评价手段运用在思政课中并不能完全适配，思政课对于学生思想及素质的培养也需要多样的教学评价才能够得以展现，如何构建思政课教学评价体系也是专题任务教学模式面临的困境。当前学界的研究并未能解决问题，或是尚未能找到方法，或是抑于篇幅所限不能展开，只有全面透彻地分析专题任务教学模式的内涵、理论基础、指导思想、基本原则和思路，才能够从根本上解决问题。

总而观之，当前对于思想政治理论课教学方法的研究，切实分析了当前思政课存在的问题和弊端，并针对问题提出相应的教学方法，为提高高校思想政治理论课实效性和坚定学生对于马克思主义的信仰有巨大贡献。但是针对专题任务驱动教学方法而言，当前国内的研究多运用于其他学科，基本特征、教学过程、实践教学等都有着较为充分的研究，而其优越性运用于高校思想政治理论课中也能得到凸显，故而对于高校思想政治理论课的专题任务驱动教学方法的全面研究是很有必要的。

二、国外研究综述

从诸多国外研究中可以看出，思想政治教育是全人类社会实践中必不可少的一种活动。西方国家虽然并不像中国一样开设思想政治理论课，但是诸如"政治教育""公民教育"等概念却是一直都在西方教育中占有重要地位，最早可以追溯至古希腊时期，从诸多著作中也可见其身影，故而可以看出思想政治教育对于每一个国家而言都是极其重要的。而专题任务教学法在国外教学过程中也有展现，但也多用于其他学科教学过程中。

关于国外开设高校思想政治理论课相关情况，倪愫襄在《高校思想政治理论课程的国际视野》中对于美、英、法、韩、日等多国的高校思想政治理论课进行了考察，从课程目标、课程内容、课程设置、课程实施、课程评价等多方面进行全面深入研究。当前各国经济快速发展，人民物质生活水平得到极大提高，随之而来的则是精神道德水平的不平衡，物质与精神、本国与全球化之间存在着内在张力，为了消除这种矛盾，提升国民综合素质，弘扬人文精神，维护社会良知，各国都将加强高校思想政治教育作为高等教育的重要指标，对于高校思想政治理论课的建设和改革重视程度大大加强。尽管各国因为历史沿革、社会背景、文化传统、经济基础等情况各有不同，在思想政治理论课建设中的课程设置、课程目标、课程内容、课程评价等方面也有差别，但重视思想政治教育已经成为当前世界高等教育发展的新方向。比如英国学者便强调通过课外实践课程加强思想政治理论课建设，通过实践加强学生的政治意识和道德意识。而美国则是更加注重公民教育的方式方法研究，通过完善教学方式方法和完善评价体系来给学生灌输正确的世界观、人生观、价值观，从而达到加强学生政治意识的目的。

关于任务教学法，首先是对于"任务"一词进行界定，广义的任务是指人们在日常生活、工作、娱乐活动中所从事的各种各样有目的的活动，国外诸多学者根据自身研究角度给定"任务"不同的概念，如表 1 所示〔表内数据来自于英国学者 Rod Ellis 的专著 Task-based Language learning and teaching（2003：4）整理〕。

表1　国外学者对于"任务"一词概念的表述

研究者	时间	主要描述
Long	1985	任务是人们为自己或为他人所做的、作为义务性的或有报酬的一项工作
Richard, Platt&Weber	1985	任务是人们在学习、理解、体会语言之后所开展的活动
Crookers	1986	任务是人们所从事的带有明确目的性的一件工作或一项活动
Prabhu	1987	任务是需要人们经过一些思考从所给的信息中得出结论的一项活动，这一过程由教师控制和调节

续表

研究者	时间	主要描述
Breen	1989	任务是一种有组织的计划，在交际过程中，它通过语言设计出来，为知识精炼和能力培养提供机会
Nunan	1989	交际性任务是一项课堂活动，它要求学生用目的语进行理解、操练、使用或交际。在这一过程中，学生的注意力主要集中在语言意义而非语言形式上
J. Willis	1996	任务指的是由目标的交际活动或学生为达到具体某一目标而进行交际活动的过程
Skehan	1996	任务是与真实世界有某种联系的一项活动，在这一活动中，意义是主要的，并把任务的完成放在首位，同时根据任务的结果来评价任务完成的好坏
Lee	2000	任务是一次课堂活动或练习，包括一个只有通过参加者之间的交际才能达到目的；组织和编排交际的自然过程；注重意义交流；当练习者实施某个学习计划时需要学习者理解、操练和使用目的语的一次语言学习尝试
Bygate，skehan & Swain	2001	任务是指需要学习者在注重语言意义基础上运用语言来达到目的的一项活动
Ellis	2003	任务是指以意义为中心的语言运用活动

通过表格我们可以得出结论，国外对于任务的定义是作为一种交互性的活动过程，其中需要包含以下特点：第一是要有意义作为支撑，任务是由意义贯穿其整个过程，而非进行某种无意义的活动；第二是任务要聚焦于某一个现实问题，这是学习过程中的任务的一大特点，这个问题不是概括的或者现实某个活动的仿照，而应该是具体的、与学生实际生活和社会现状相连接的，从而引起学生的兴趣，激发学生的主体性，使其自愿学习、主动学习。

以上是对于任务一词概念上的界定，而任务型教学方法则是建立在此基础上的一种教学模式，20世纪80年代以来国外教育便发展出了任务教学这一教学模式。它是以具体的任务作为学习的主体和引线，以完成学习任务为学习过程，从而根据教学目标和教学内容设计教学的任务活动，学生通过完成设置的任务最终达到学习目的，完成学习目标。任务型教学方法充分展现了学生的主体性，以学生为中心、注重学生之间自主合作学习的教育理念。

任务型教学方法也有两个显著的特点：第一是完成任务和最终结果都要依靠学生的综合能力，而学习目标最终指向的也是提升学生的综合素质以及能力；第二是任务完成后的结果可以让学生完成自我评价，从而产生成就感，学习增加更多的自主性，从而发挥学生的主体性。所以任务型教学方法便是要求教师根据学习目标和学习内容设计任务，让学生通过完成各种任务进行学习，从而培养学生的综合素质和能力。

国外的思想政治理论教育突出如下几个特点：首先是注重教学方法中的互动性，教育家苏霍姆林斯基强调激发学生的求知欲，引导学生积极思考，反对只给知识，不重视发展智力的教学，强调教学过程中的互动；其次是重视教学方法中的渗透性，美国专家威廉姆斯便强调教师、学生、课程之间的辩证统一关系，强调在教学过程中自然科学、社会科学和人文学科三者之间相互渗透影响的教学方式。苏霍姆林斯基也主张要培养全面发展的人，培养合格的公民，他将教学过程描述为"智育、体育、德育、劳动教育和审美教育深入地相互渗透和相互交织在一起，使这几个方面的教育呈现一个统一的完整的过程"；再次是强调教学方法中的实践性，国外专家同样注重对于能力的培养，更习惯在实践活动中进行教学，美国教育家约翰·杜威便强调关于教育本质的三个命题，"教育即生长""教育即生活"和"教育即经验的改组或改造"，认为教育是通过个人参与人类的社会意识进行的，故而要求学生要在实践中学习并认证所学知识。

综合国内外研究现状，国内外高校对于思想政治理论课的重视是相同的，当前也均在加强思想政治理论课研究方法的创新。就国内研究而言，当前学界对于高校思想政治理论课所存在的问题做出了梳理，并提出多种思想政治理论课教学方法以攻克难题，思政课教学方法呈多元化发展。多种教学方法均有所启发，但也在实践中发现其存在的难点或不足，对于高校思想政治理论课教学方法的研究仍需进一步深化。具体到专题任务教学方法而言，国内外均已有成熟案例，但多运用于其他学科，诸如语文、数学、化学、历史等，专题任务教学法的经验如何成功转移应用到高校思想政治理论课上来，仍需要进一步探讨和实践，对于专题任务教学方法的理论基础研究也较为薄弱，故而对于专题任务教学法的基础理论研究迫在眉睫。

三、研究综述评述

从当前已有的研究来看，对于高校思想政治理论课的重要性与当前存在问题的研究较多，对于教学模式的改革也有许多创新，取得了丰硕的成果，但仍有一些不足。一是对于高校思想政治理论课教学模式的创新研究较多，但是对于教学模式内涵、理论基础等基本概念的研究较为缺乏。二是当前的成果多是以具体高校的实践做法进行，受制于各高校情况不同不能进行大范围推广，对于更加基础、可行性更高、能够推广并切实提高思政课实效性的研究不足。三是目前对于专题任务教学模式的研究多以创新为主，在专题任务的基础上衍生翻转课堂、走班、混合式等教学模式，并未对基础的专题任务式教学模式做充分研究，致使其教学模式运行时会出现专题间逻辑割裂、教师缺乏交流探讨等问题。将最基础的专题教学模式研究透彻的成果较少。四是目前对于专题任务教学模式的国外研究多以整理和研究为主，并未真正能够将国外经验转化为能够增强国内思政课实效性的具体举措。

第三节　研究思路

一、基本思路

本书在资料收集及文献研究的基础上，对于基于专题任务驱动的高校思想政治理论课教学模式的理论、模式、实践分别进行了研究。首先是研究高校思想政治理论课教学模式的内涵及理论基础，并对于当前高校思政课亟待解决的问题进行了分析。其次在理论研究的基础上将专题任务驱动与高校思政课结合，阐释专题任务驱动对高校思政课的影响，分析专题任务驱动的教学模式的指导思想和基本原则，厘清专题任务教学模式的基础。再次是对专题任务驱动下高校思想政治理论课教学模式改革基本思路的展开，依托多元思政资源对教学模式改革，以突出其时效性。接着是通过具体实践验证专题任务驱动下高校思想政治理论课教学模式改革，通过线上线下融合、专题案例、"大班教学，小班研讨"、"三维创新"、基于"四可"的思政课实践教学改革案例，从实际出发展示基于专题任务驱动的高校思想政治理论课教学模式的优越性。最后则是从保障机制和评价体系构建的角度阐释，分别从课前、课中、课后三个维度全面对基于专题任务驱动的高校思想政治理论课教学模式进行探究。

二、研究内容

第一章从模式的概念入手，探讨教学模式的含义、教学模式包含的教学理论、教学目标、实施条件、教学程序和教学评价五要大素，教学模式具有指向性、操作性、完整性、稳定性、时代性与动态性六大特征，进而梳理出教学模式的三大跨越式发展脉络：单向传输教学模式——班级授课教学模式——基于信息技术发展教学模式。在此基础上，从教学目标、教学内容、教学评价等方面提出思想政治理论课教学的特殊性，进而概括出思想政治理论课教学模式的概念，并具体分析思想政治理论课教学模式的五大构成要素。高校思想政治理论课教学模式具有强大坚实的理论基础，包括马克思主义人的全面发展理论、思想政治教育的灌输理论、主体间性理论、建构主义理论等；最后，提出构建新型思想政治理论课教学模式的必要性，即思想政治理论课教学存在的问题，学生主体性发挥不足、教学方法亟须优化、教学评价差强人意，最终导致教学效果欠佳。

第二章主要研究专题任务驱动与高校思想政治理论课教学模式的结合。以专题案例和项目任务为主要驱动的教学模式在高校思想政治理论课中有效开展，旨在打造"深化学生哲学理论知识、锻炼学生创新思维、提升学生实践能力、帮助学生融入团队、增强学生知识迁移能力"等为主要教学目标，力求在集体授课过程中，突出学生个性、激发学生创新性、强化学生实践性，倡导学生、教师和学校各自职能的有效发挥，形成一个开环整合驱动发展的（自主——合作——实践——理论提升）的双循环教学模式。我们教学团队在多年的反复实践中，确实感受到新的教学模式弥补了传统教学过分强调知识目标、完全沿用教材体系、以理论教学和政策理论灌输的缺陷，更加注重构建完善的教学体系，着重培养学生综合能力，帮助学生形成良好的品格和正确的价值观；在专题目标任务驱动下，学生由主体向主导转化、教师由主导向引导转化，教学体系以教材体系为核心进行重新构建，教学过程向课前和课后延伸，教学环节具有鲜明的探究性和合作性，从根本上扭转了思想政治理论课教学过程枯燥、乏味、沉闷的讲授状况，学生到课率、抬头率、参与度和反馈度也明显改善。

第三章探讨了专题任务驱动下高校思想政治理论课教学模式改革的指导思想和基本原则。首先论述高校思想政治理论课教学模式的改革历程；然后论述专题任务驱动下的高校思想政治理论课教学模式的改革应坚持党的领导，以德育为先，以师生发展为中心；最后论述专题任务驱动下的思想政治理论课教学模式改革应遵循整体性、专题性、主体间性、实践性与驱动性原则。

第四章重点说明专题任务驱动下高校思想政治理论课教学模式改革的基本思路。创新高校思想政治理论课教学模式，是增强高校思想政治教育有效性的途径之一。专题任务驱动教学模式是实现思想政治教育目标的桥梁，是使思想政治教育的内容产生影响的主要手段，也是增强思想政治教育效果的重要因素。项目驱动式教学法的推行，就是从教师与学生的角度进行课堂革命，教师以课堂引领者的身份去激发学生学习的热情，学生则是学习的主导者，是课堂教学的重要合作者。教师为了提升课堂教学效果，不断创新课堂参与项目，提高教学互动频率，需要对课堂教学资源进行积极重组。教师是课堂资源的整合者、再造者、设计者，也是课堂教学的组织者、引导者、支持者，在课前教师根据学生的实际能力和表现力设计教学目标、制定教学流程，尽量设计一些与学生自身相关项目，利用各种互动活动，吸引学生兴趣，增强课堂的交互体验。我们利用项目，积极推动学生们充分利用教学资源，去完成教师布置的预习任务、复习工作和课堂练习活动。

第五章将结合河北金融学院近几年来在思政课教学改革方面所做的努力与探索，综合分析基于专题任务驱动的思政课教学改革的若干案例。一是基于"项目驱动"的高校思想政治理论课教学改革模式探索。该案例按照专题项目任务驱动的方式进行初步运行，针对小范围初步运行的结果发现并解决该体系存在的问题，进一步完善教学模式的实现路径与策略。逐步扩大基于项目任务驱动的思想政治理论课教学改革模式的应用范围，根据运行结果反馈不断对实现路径进行完善、优化，使之更加成熟化，最后对基于项目任务驱动的思想政治理论课教学改革模式的实现路径与策略研究进行深度推广应用。二是基于合作性学习理念下的"大班授课、小班研讨"专题教学新模式。该案例本着"以能力培养为核心，重构课程内容"的方针，探索新时代大思政育人体系下"毛泽东思想和中国特色社会主义理论体系概论"课程的新型授课模式，尝试采用"大班授课，小班研讨"的教学方式，以理论为先导，以案例为依托，实现高校思政课的合作性学习目标，以打造新时代思想政治理论课的高效课堂。三是线上线下混合式专题教学模式下思政课教学改革案例。该案例依托"形势与政策"课开展了线上线下混合式专题教学模式的实践探索。1. 磨砺"形势与政策"课精品专题，打造思政"金课"；2. 优化课程模块，以课程研讨提升育人实效；3. 扬长避短，继续发挥线上教学优势。四是基于任务驱动的思政课专题教学模式改革案例。该案例通过有效整合教材——案例——原著之间的契合度，增强大学生在课堂上的"主体性"，提升思政课的"活跃度"，旨在通过思想政治理论课案例教学元素设计并运用切实可行的实施路径，将思想政治理论课打造成启迪心灵、陶冶情操、价值观塑造的智慧之课、灵魂之课。五是基于"四可"的思政课专题实践教学模式改革案例。该案例将介绍河北金融学院历经 12 年的思政课实践教学的探索与实验所形成的"四可"实践教学范式、十大实践教学步骤、六大实践教学主题的思政课实践教学模式，对思政课教学内容、教学设计、教学过程、教学主体、教学方法、教学场地和考核方式等方面进行全面改革，有效提升实践教学的精细化水平。

第六章将重点介绍基于专题任务驱动的高校思政课改革的保障机制和评价体系。深化思想政治理论课改革创新是新时代思想政治理论课教学的必由之路。构建切实可行的保障机制和科学合理的评价体系是"护航"和"纠偏"思想政治理论课教学改革的必要举措。基于专题任务驱动的高校思政课教学模式作为一种改革路径，要想确保其改革的成效，也必须要构建切实可行的保障机制和科学合理的评价体系。基于专题任务驱动的高校思政课教学改革不仅仅涉及课堂教学改革，还需要学校、马克思主义学院、教务处、党委宣传部、校团委等不同部门的通力合作。因此，要确保教学改革取得实效，必须要完善工作机制、优化师资队伍、营造思政氛围，构建学校党委统筹，马克思主义学院和各职能部门谋划，辅导员和思政课教师具体实施的保障机制。教学评价体系构建是否科学合理直接关系着高校思想政治理论课改革的成效。高校思想政治课有效教学的评价标准对教师教学行为具有引导和指向作用。对于专题任务驱动的高校思想政治理论课教学改革来讲，完善的教学评价体系是教学过程的重要环节，思政课教学改革的成效必须要由科学合理的评价体系来"检测"，从而可以有效提高思政课的教学实效性。因此，衡量基于专题任务驱动的高校思政课改革是否成功，必须要建立科学合理的评价体系，设计科学规范的评价标准，做到体系有特色、评价有实效。

第一章

高校思想政治理论课教学模式的内涵及理论基础

本章从模式的概念入手，探讨教学模式的含义，梳理教学模式的三大跨越式发展脉络；在此基础上，从教学目标、教学内容、教学评价等方面探讨思想政治理论课教学的特殊性，概括思想政治理论课教学模式的概念，具体分析思想政治理论课教学模式的五大构成要素；进而论述高校思想政治理论课教学模式强大坚实的理论基础。最后，提出构建高校思想政治理论课教学模式的必要性。

第一节　高校思想政治理论课教学模式的内涵

一、模式与教学模式

理解教学模式，可以从认识模式的概念入手。

（一）模式的内涵

什么是模式？"模式"一词来源于拉丁文，意为定型化的操作样式；在英文中为"model"，意为"模型""范式"；"某种事物的标准形式或使人可以照着做的标准样式"① 是《现代汉语词典》中对"模式"的定义；江西师范大学课程与教学研究所所长钟志贤教授通过考察模式的词源学意义和在不同学科应用的内涵，认为模式是"依据一定的理论基础表征活动

---

① 中国社会科学院语言研究所词典编辑室编：现代汉语词典，商务印书馆，2016，第961页。

和过程的一种模型或形式"①，还提出模式具有"典型性、简洁性、再现性、模仿性、中介性"② 等基本特征。

（二）教学模式的内涵

1. 教学模式的含义

20 世纪 70 年代初，在《教学模式》一书中，美国教学模式研究专家乔伊斯等人将"模式"这一概念引入教学领域，认为"优秀的教学是由一系列的教学模式组合而成的"，"一种教学模式就是一种学习环境，教学过程的核心就是创设一种环境"。③ 事实上，乔伊斯等人想要表达的是，教学模式就是构建教学环境（学习环境），在教学环境中，"老师教、学生学"，老师、学生、如何教、如何学，等等，这一切组合起来构建的即是教学模式。

随之，教学模式成为一种系统的教学理论走入教学研究者的视野。国内学者受国外研究的影响，加之教学实践的迫切需求，对于教学模式的研究也逐渐深入。

那么，到底什么是教学模式？钟志贤教授认为，"所谓教学模式，是指在相应的理论基础上，为达成一定的教学目标而构建的较稳定的教学结构或程序。"④

受钟志贤教授关于"教学模式"定义的启发，笔者将"教学模式"理解为，在一定的教学理论的指导下，遵循教育教学的规律、尊重学生的认知特点，为实现教学目标，在教学过程中建立起来的并反过来指导教学过程的较为稳定的教学程序与教学结构。

在这里需要厘清一个问题，教学模式与教学方法、教学方式有没有区别？有些学者把教学模式等同于教学方法，或者把教学方法等同于教学方

---

① 钟志贤：大学教学模式革新：教学设计视域，教育科学出版社，2008，第89页。
② 钟志贤：大学教学模式革新：教学设计视域，教育科学出版社，2008，第90页。
③ Bruce Joyce, Marsha Well, Emily Calhoun：教学模式（第七版），中国轻工业出版社，2013，前言第5页。
④ 钟志贤：大学教学模式革新：教学设计视域，教育科学出版社，2008，第90页。

式。那三者之间有什么区别与联系呢？教学方式这一概念如果不与教学方法通用，好像就无用武之地。细究教学方式，其实是在教学过程中呈现出的一个又一个具化的呈现形式，比如教师在讲课过程中一会儿讲授式，一会儿案例式，在讲授中掺杂着引导式，在案例中加入了讨论式，等等；而教学方法"是在教学过程中教师和学生为实现教学目的、完成教学任务而采取的教与学相互作用的活动方式的总称"①，比如在课堂上，教师有可能进行基础理论知识讲授，也有可能组织引导学生研讨辩论，某一节课中教师可能使用三个经典案例贯穿全部教学内容，那么案例教学便是这节课的教学方法；而教学模式，在前文中也提到，是一种教学程序和教学结构，是理论化、系统化、体系化的教学方法。亦可以表述为，教学模式包含教学方法，教学方法包含教学方式。

2. 教学模式的要素

教学模式作为一种理论化、体系化的有机整体，是由不同的要素组成的，被学术界普遍接受的是"五要素说"，本研究也支持这一观点。教学模式通常包括教学理论、教学目标、实施条件、教学程序和教学评价五大要素。

（1）教学理论

任何一种教学模式都是建立在一定的教育思想和教育理论基础之上的，可以说，教育思想和教育理论是教学模式的灵魂，没有教育思想和教育理论作为基础的教学模式相当于失去了灵魂，注定不会成为一种科学的教学模式。那么，教学模式的理论基础涉及哪些教育思想和教育理论呢？不同的教学模式的理论基础是不尽相同的，但基本上涉及哲学、教育学、心理学、社会学、管理学等教育思想和教育理论。

（2）教学目标

教学目标是教育者通过一系列教学活动从而达成预期的目标，是对教

---

① 李秉德：教学论，人民教育出版社，1991，第197页。

学效果的一种良好预设，任何一种教学模式的建立都是指向教学目标的，或者说为了更好地实现教学目标而建构一种教学模式，所以说教学目标是教学模式的核心要素。一般而言，可以把教学目标细化为知识目标、能力目标、价值目标与情感目标。

（3）实施条件

只有以一定的教学条件作为保障，构建的教学模式才能顺利实施，没有满足需要的实施条件，任何教学模式都无法发挥作用，教学目标更是无从谈起。而实施条件包括客观条件（硬件）和主观条件（软件），教学方法、教学资源、教学载体等都属于客观条件，而教育者的教学态度、受教育者的学习态度等都属于主观条件，统称为实施条件。

（4）教学程序

教学程序看似是教学过程，其实更贴切地表达为教学过程中不同教学环节组成的有机系统。教学程序是为了完成教学任务进而实现教学目标，而对教学过程中的每一环节进行操作方法和实施顺序的设计。那么，是不是意味着教学程序是按部就班、一成不变的？答案是否定的，教学程序具有相对稳定性，但会根据教育者、受教育者、教育环境的不同而发生变化；教育程序作为教学模式的一个重要因素，凸显的是教学模式所具有的独特的、完整的、复杂的操作程序。

（5）教学评价

一种教学模式，在教育思想和教育理论的指导下，依托实施条件、遵循教学程序开展实施，那么该教学模式是否是科学、规范、系统的呢？这便需要通过教学评价来进行衡量。任何一种教学模式是否完成教学任务、实现教学目标，都需要教学评价的检验与判断；而教学评价的结果又对教学模式的完善与优化起到促进作用，力求实现最优的教学效果。

3. 教学模式的特征

（1）教学模式具有指向性。教学模式指向的是教学目标，当然教学目标包含知识目标、能力目标和价值目标，而教学目标的高阶达成即"立德树人"，这也就是说，教学目标是决定教学模式建构的基本因素之一。

（2）教学模式具有操作性。教学模式是基于教学理论的教学过程整体框架的建构，而教学模式的建构要服务于现实的教学实践，因此教学模式应该具有真实性、可操作性。

（3）教学模式具有整体性。教学模式是基于教学理论的教学目标、教学内容、教学方法、教学过程和教学评价等多因素、多环节、多程序的逻辑统一，是一种结构严谨的框架，因此具有整体性。

（4）教学模式具有稳定性。教学模式是经过教学理论的指导、教学实践的检验，不断调整而丰富完善的理论概括和实践总结，一旦形成便具有稳定性，并延伸出概括性与普适性。

（5）教学模式具有时代性。刚刚提到教学模式具有稳定性，但从辩证唯物主义和历史唯物主义角度来看，教学模式不可能一成不变，教学模式总是随着一定经济社会的发展，与当前社会的政治、经济、文化以及社会意识形态相联系、相适应，因此教学模式具有时代性。

（6）教学模式具有动态性。教学模式具有稳定性，并不代表教学模式是一成不变的。受经济社会和教育教学理念的发展变化影响，教学活动过程是动态变化的，而教学模式总是指向特定的教学活动，随着教学目标、教学内容、教学方法、教学过程、教学评价的变化，教学模式也在不断地调整，因此教学模式兼具动态性。

4. 教学模式的发展

（1）第一代：单向传输教学模式

第一代教学模式，又称传统教学模式，主要存在于 11 世纪到 19 世纪这一时间段，是在经济社会发展比较落后的状况下所采用的教学模式，其特点就是"讲授-接受"式教学模式，教育者是绝对的权威，受教育者被动接受知识，如此循环往复。为什么会出现单向传输的教学模式？第一，只有极少数人掌握知识以及单一接受渠道，导致掌握知识的人就是权威；第二，接受教育的人也是少数人，他们更多的是单纯对知识极度渴望；第三，知识载体有限，传授知识的方式单一，传授知识的环境简陋等问题，导致只能由教育者单向传输知识给受教育者。当然，单向传输的弊端显而易见，忽视受教育者的主体性，最终阻碍受教育者的学习效果以及受教育者的全面发展。

（2）第二代：班级授课教学模式

班级授课教学模式随着大学的产生而产生，只是到了19世纪，班级授课模式更加适应急速增加的大学学生规模，一个教师可以在班级中同时教授多名学生。组成的班级，极大地提高了教学效率。班级授课教学模式与传统的单向传输教学模式有不同吗？当然，而且"seminar"（意为研讨会）这一教学组织的出现，可以说是对传统教学模式的一种颠覆，其核心就是研讨式教学，学生课前完成查阅资料、思考研究等工作，在班级授课中与教师、同学探讨交流甚至争论，最终在学生的自主学习与师生的交流互动中，双方均获得发展。

可以说，"seminar"融入班级授课的教学模式堪称经典，直到现在，欧美国家高校课堂依然采用此教学模式，教师在课堂上绝不是知识的传授者，更是一个引导者，有时也是一个角色扮演者，学生在教师的讲授、探讨中获得专业知识和分析问题解决问题能力上的提升，当然，组织协调能力、语言表达能力均获得长足的进步。

"seminar"融入班级授课的教学模式有弊端吗？答案是肯定的，比如对于班级授课人数有一定的限制，因为人数太多无法实现课堂充分的探讨交流；对于教师课前引导、学生课前准备也提出了要求，教师必须给予科学的指导学生才能完成充分的准备工作，才有可能实现课堂上精彩的探讨交流。

（3）第三代：融合信息技术的教学模式

20世纪50年代，信息技术的飞速发展为新教学模式的研究和应用提供了良好条件。对于信息技术的力量，我们既应该看到它的"技术手段"的浅层作用，也应该看到它的"变革动力"的深层作用。

从"技术手段"来看，对于任何一种教学模式而言，教育者、受教育者、教学内容和教学方法、教学评价等组成部分居于核心地位，而信息技术就是帮助教育者、受教育者通过同样的教学过程更好地实现教学目标、达成教学效果，所以说在教学模式中，与处于核心关键地位的要素相比，信息技术处于辅助地位。但正是因为信息技术作为媒介在使用过程中，一次又一次被事实证明能够更好地实现教学目标、达成教学效果，所以又反哺于教学模式，进而变"技术手段"为"变革动力"，从浅层作用延伸至深层作用，从而实现构建基于"信息技术"的教学模式。

二、高校思想政治理论课教学模式

什么是高校思想政治理论课教学模式？这需要认识高校思想政治理论课教学的特殊性，还需要在解构高校思想政治理论课教学模式的基础上厘清其内涵。

（一）高校思想政治理论课教学的特殊性

什么是高校思想政治理论课？高校思想政治理论课与其他课程相比，是否具有特殊性？

《新时代高校思想政治理论课教学工作基本要求》对高校专科生、本科生、研究生思想政治理论课课程设置均做出明确要求，以本科生为例，开设马克思主义基本原理、毛泽东思想和中国特色社会主义理论体系概论、中国近现代史纲要、思想道德与法治、形势与政策五门思想政治理论课，并严格规定学分，同时要求开展思想政治理论课实践教学。这也凸显出思想政治理论课的重要性。

既然高校思想政治理论课具有特殊使命，那高校思想政治理论课教学势必具有独特性：

第一，教学目标的独特性。高校思想政治理论课以立德树人作为教育根本任务，培养德智体美全面发展的中国特色社会主义合格建设者和可靠接班人，培养担当民族复兴大任的时代新人。高校思想政治理论课与其他课程相比，在注重知识目标的同时，更加突出价值目标。可以说，坚持正确的政治方向，强化思想政治理论课价值引领功能是高校思想政治理论课价值目标的概括，这也统领着高校思想政治理论课教学模式建构的方向。

第二，教学内容的独特性。高校思想政治理论课承担着特殊的教育任务，在教学内容上表现为系统性。马克思主义的世界观和方法论，中国近代以来抵御外来侵略、争取民族独立、推翻反动统治、实现人民解放的历史，马克思主义中国化的两大理论成果，尤其是习近平新时代中国特色社会主义思想这一马克思主义中国化的最新理论成果，统一构成了高校思想政治理论课的教学内容，系统化体系化的教学内容为引导大学生树立正确的世界观、人生观、价值观奠定基础。

第三，教学评价的独特性。高校思想政治理论课是实现立德树人根本教育任务的关键性课程，是一门集思想性、政治性、理论性于一体的课程，思想政治理论课在突出科学性和理论性的基础之上，必须体现出其所独有的政治性和意识形态性，因此思想政治理论课的教学评价是一项非常复杂的系统工程，所以在构建思政课教学评价过程中应该与其他课程区分开来，以达成高校思想政治理论课的特殊使命。

（二）高校思想政治理论课教学模式的内涵

既然讨论高校思想政治理论课教学模式，那么便需要厘清高校思想政治理论课教学模式的内涵。

学术界对思想政治理论课教学模式的内涵并没有形成统一的认识，已有的认识基本上都是在其他教学模式内涵的基础上融入高校思想政治理论课，或者从教学模式概念出发提出高校思想政治理论课教学模式。吕春燕教授提出思想政治理论课教学模式是"思想政治教育教学工作者基于一定的思政教育和教学理念，在一定的思政教育教学目标引领下，整合教学资源，按照教学程序开展教学活动的循环范式"①。笔者认为思想政治理论课

---

① 吕春燕：民办高校思想政治理论课教学模式改革探讨，经济研究导刊，2012 年第 34 期，第 286-287 页。

教学模式是基于思想政治教育的教学思想或教学理念，为完成立德树人的教育根本任务，培养担当民族复兴大任的时代新人，遵循学生的认知特点，针对思想政治理论课教学内容，按照一定的教学程序，有效开展教学活动的一种范式。

对于思想政治理论课教学模式，不同的学者提出不同范式的构建，李松林教授在《思想政治理论课教学模式研究》（2006）中，讨论了当下比较集中的十种思想政治理论课教学模式，分别是实践教学模式、讨论式教学模式、创新思维教学模式、启发式教学模式、研究性教学模式、网络教学模式、情感教学模式、案例教学模式、专题教学模式、活动教学模式。

（三）高校思想政治理论课教学模式的构成

1. 高校思想政治理论课教学模式的教学理论

对于一种教学模式而言，教学理论是根基，教学理论构成了教学模式的指导思想，从根本上决定着教学模式的实践，而一种教学模式的实践又反哺于教学模式的理论基础，从而推动教育教学理论的发展。可以说，教学理论的形成是一个漫长的过程，教学实践——教学经验——教学思想——教学理论，而这一进程也标志着教学理论的科学性与系统性。

高校思想政治理论课教学模式具有相对应的教学理论，同样以李松林教授在《思想政治理论课教学模式研究》中的研究为例，实践教学模式对应着理论与实际相结合、教育与生产劳动相结合、知行统一的教学理论，启发式教学模式对应着辩证唯物主义认识论、启发式教学思想，创新思维教学模式对应着以学生为主体的教育理念、全面协调发展的教学理念、启发—创新教学理念、建构主义学习理论，讨论式教学模式对应着交往教学理论、目标教学理论、教育主体理论、认知心理学相关理论，研究性教学模式对应着高难度教学理论、建构主义学习理论、认知学习理论、发现学习理论、元认知理论，网络教学模式对应着建构主义教学理论、教学互动理论，情感教学模式对应着发现教学法、快乐教学理论、人本主义教育理论、德育心理理论，案例教学模式对应着建构主义教学理论、范例教学理论、情境性认知理论，专题教学模式对应着多元智力理论，活动教学模式对应着多元智力理论、马克思主义认识论、心理学理论、教育学原理。

可以看出，思想政治理论课不同的教学模式具有不同的教学理论，但多集中于马克思主义理论、建构主义教学理论、教育学心理学等理论，可以说，这些理论构成了高校思想政治理论课教学模式的教学理论。

2. 高校思想政治理论课教学模式的教学目标

高校思想政治理论课教学模式的教学目标就是教育者（当然在此也可以包括受教育者）对思想政治理论课教学模式的效果预期，或者说，通过思想政治理论课教学模式将要解决的问题以及问题的解决程度。

高校思想政治理论课教学模式的教学目标一般包括知识目标、能力目标、情感价值目标。知识目标是指教育者引导受教育者掌握马克思主义科学的世界观和方法论，掌握中国革命、建设和改革开放的历史，掌握中国共产党的基本理论、基本路线、基本方略，掌握马克思主义中国化的理论成果，尤其是习近平新时代中国特色社会主义思想这一马克思主义中国化的最新理论成果，掌握马克思主义世界观、人生观、价值观、道德观和法治观等科学理论知识，整体提升受教育者的马克思主义理论素养。能力目标是指教育者引导受教育者运用马克思主义基本理论提出问题、分析问题、解决问题，增强明辨是非、独立思考、自我认知的能力。情感价值目标是指引导受教育者增强对新时代中国特色社会主义的理论认同、政治认同和情感认同，坚定"四个自信"，培养德智体美全面发展的中国特色社会主义合格建设者和可靠接班人，培养担当民族复兴大任的时代新人。总之，高校思想政治理论课教学模式的教学目标是知、情、意、行的有机统一体，最终落实立德树人的教育根本任务，换言之，立德树人是思想政治理论课教学模式的根本目标。

3. 高校思想政治理论课教学模式的实施条件

在前文中已经论及实施条件包含的诸多因素，那么，在思想政治理论课教学模式中同样如此，每一种因素所起的作用是不同的，重要性也是有区别的，教师的教学投入和学生的学习兴趣是最重要的因素。在实施教学模式过程中，必须合理调配各种教学条件，实现实施条件作用的最大化，教师和学生都能在良好的教学条件中发挥最大的作用，从而实现教学效果的最优化。在这儿不得不提的是，随着经济社会的发展，信息技术也获得质的飞跃，信息技术在教学中的应用已经实现了"技术手段"浅层作用到"变革动力"深层作用的转变。在某种程度上，信息技术已经成为教学模式变革的重要力量，如今教学模式的建构均已不能脱离信息技术的指导与应用。

思想政治理论课承担的历史使命对其教学模式的实施条件提出新的要求，比如对教师自身信仰的要求，习近平总书记在学校思想政治理论课教师座谈会上，明确提出思政课教师要做到"六个要"，即政治要强、情怀要深、思维要新、视野要广、自律要严、人格要正，正所谓"让有信仰的人讲信仰"，高校思想政治理论课传递的绝不仅仅是知识、更应该是信仰的坚守与传递，这就要求高校思想政治理论课教师有信仰，内心有真实的信仰，才能传递信仰，才能让学生有信仰。可以看出，思想政治理论课教学模式对其教学条件有特殊要求。

4. 高校思想政治理论课教学模式的教学程序

科学化、系统化的思想政治理论课教学模式必须具备一套完整的操作程序，也可称之为教学程序，而任何一种操作程序和步骤都是这种教学模式的具化。比如案例式教学模式的基本程序，教师课前提供案例及相关材料——学生课前查阅资料、分析案例、提出问题、尝试分析问题与解决问题——课中师生研讨问题、解决问题并深化问题——课后总结思考——完成教学评价。

不同教学模式的教学程序不尽相同，而每一种教学模式都在本模式内按照既定的操作程序完成教学任务。

5. 高校思想政治理论课教学模式的教学评价

"定量"与"定性"是教学评价的两大方向，"过程性"与"结论性"

是教学评价的两大方法。部分学者对于高校思想政治理论课教学评价倾向于定性评价与过程性评价。这是由于高校思想政治理论课与其他课程相比，在注重知识目标的同时，更加突出价值目标。坚持正确的政治方向，强化思想政治理论课价值引领是高校思想政治理论课的首要目标，因此，在教学评价上注重定性评价与过程性评价。当然，OBE 成果导向教育理念在人才培养模式改革中脱颖而出，对思想政治理论课的教学评价影响颇深，学界在积极探索高校思政课 OBE 评价体系的构建，比如多元化评价标准、生成性评价指标、综合性评价方法等。此外，在兼顾知识目标和能力目标的同时，也要注重情感价值目标的实现，而情感价值目标是否实现需要采用过程性评价方法进行衡量，如将课堂内与课堂外结合（比如在宿舍与同学沟通交流的表现）、校园内与校园外结合（比如寒暑假实习实践的表现），甚至把学生上学期间的表现与毕业多年后的表现相结合等。

第二节　高校思想政治理论课教学模式研究的理论基础

马克思主义人的本质理论、人的全面发展理论，思想政治教育的灌输理论、主体间性理论、建构主义理论等构成了高校思想政治理论课教学模式研究的理论基础。

一、马克思主义人的全面发展理论

马克思关于人的全面发展的理论是如何产生的？马克思在自己的中学毕业论文中就已经开始思考个人与社会的关系，认为要把自身完美和人类幸福相结合，只有完美他人、完美社会，才能完美自己，个人的发展与社会的发展是辩证统一的，这被认为是马克思关于人的全面发展理论的雏形。

机器大生产的出现使资本主义得到长足的发展，但问题随之也出现，人类完全沦为资本家赚钱的工具，人们的自由和个性发展被剥夺。因此，在异化劳动基础上，马克思完成了著名的《1844年经济学哲学手稿》，马克思认为要想消除劳动异化，获得个体全面发展，应该是在这样的社会，"人以一种全面的方式，也就是说，作为一个完整的人，占有自己的全面的本质"。最后，马克思指出人的全面发展将在共产主义社会中实现。因为，在共产主义社会，生产力的高度发达，社会精神文明的极大进步，为人的全面发展提供了物质和精神保证，在共产主义社会中，每个人根据自己的需要，自由而全面地发展自身。这标志着人的全面发展理论的形成。

马克思关于人的全面发展理论的成熟体现在《共产党宣言》中，不仅对人的全面发展做出了精确的概括——"每个人的自由发展是一切人的自由发展的条件"，而且对在无产阶级斗争中积累起来的经验进行了思考和整理，逐步完善了人的全面发展理论。

那么，关于人的全面发展的理论包括哪些？人的全面发展是一个内涵丰富且不断扩展的概念，主要包括：第一，人的社会关系发展。马克思明确提出，人的本质"不是单个人所固有的抽象物，在现实性上，它是一切社会关系的总和"[1]。人的本质属性是社会属性，人是否能够获得全面发展，同他的社会关系的丰富程度密切相关。马克思认为，一个人的社会关系，实际上决定着一个人能够发展到什么程度。第二，人的能力发展。人的能力是人的本质力量的表现。马克思指出："任何人的职责、使命、任务就是全面地发展自己的一切能力。"[2] 第三，人的需要发展。在原始的社会形态中，生产力水平极端低下，社会产品极其匮乏，人们最基本的生存需要都不能得到满足，更无从谈及精神需要；在资本主义社会，生产力水平极大提高，人们的物质需要得到一定满足，但精神需要未与之相匹配，人的发展也是有限的。共产主义社会，人们的需要将呈现出前所未有的丰富性与全面性，人们的物质需要和精神需要等都将得到极大满足。第四，

---

① 马克思，恩格斯：马克思恩格斯选集（第1卷），人民出版社，1995，第56页。

② 马克思，恩格斯：马克思恩格斯全集（第3卷），人民出版社，1960，第330页。

人的个性发展。只有进入共产主义社会，人们才能获得足够自由，才能成为具有个性特征的人，才能成为全面发展的人。

高校思想政治理论课教学的根本目的是实现立德树人的教育的根本任务，培养德智体美全面发展的中国特色社会主义合格建设者和可靠接班人，培养担当民族复兴大任的时代新人。无论是接班人或是时代新人，无疑是全面发展的人。因此，高校思想政治理论课教学模式的建构需要以受教育者的全面发展为出发点，结合受教育者的需要、社会发展的需要，不断通过整合教学内容、丰富教学方法、完善教学条件、优化教学评价等，构建思政课教学模式，进而实现知识目标、能力目标和情感价值目标的高度达成，最终引导受教育者实现自身的全面发展。

二、思想政治教育的灌输理论

什么是"灌输"？1844 年，马克思在《黑格尔法哲学批判》中指出，"先进理论不会自发产生，共产党必须加强对工人阶级的思想理论灌输"。列宁最早将"灌输"概念引入思想政治教育领域，并对灌输理论进行了详细且系统的阐述。1900 年 11 月，在《我们运动的迫切任务》中，列宁明确指出："把社会主义思想和政治自觉性灌输到无产阶级群众中去，组织一个和自发工人运动有紧密联系的革命政党"[1]；1902 年 3 月，列宁在《怎么办？》一书中指出："工人本来也不可能有社会民主主义的意识。这种意识只能从外面灌输进去。各国的历史都证明：工人阶级单靠自己的力量，只能形成工联主义的意识。"[2] 俄国十月革命胜利后，随着马克思主义传入中国的灌输理论也被中国共产党所接受，并在中国革命、建设和改革过程中受到重视。1955 年，毛泽东在《中国农村的社会主义高潮》中提出："政治工作的基本任务是向农民群众不断地灌输社会主义思想，批判

---

① 列宁. 列宁选集（第一卷），人民出版社，1995，第 285 页。

② 列宁：列宁选集（第一卷），人民出版社，1995，第 317 页。

资本主义倾向"①。

　　建立在唯物主义历史观基础之上的马克思主义灌输理论，是以辩证法的思维方式为前提，以逐步引导、适当启发为特征，促进工人阶级思想觉悟，进而使工人阶级自觉投身于无产阶级事业。如恩格斯所说的："越少从外面把这种理论硬灌输给美国人，而越多由他们通过自己亲身的经验去检验它，它就越会深入他们的心坎。"② 列宁在论述青年思想理论教育问题时，明确反对"简单生硬地把政治灌输给尚未准备好接受政治的正在成长的年青一代"③。所以，马克思主义的灌输理论强调的是在理论灌输中的启发与引导，强调通过自己亲身的经验、通过对日常生活的认识，达到对理论的深刻认识与理解。

　　当下，灌输理论仍然可以对思想政治教育工作进行指导，它没有过时，更不应该因为一些误解而被彻底否定，而应该与具体实际相结合，获得"新生"。习近平总书记在学校思想政治理论课教师座谈会上强调，推动思想政治理论课改革创新，要不断增强思政课的思想性、理论性和亲和力、针对性，要坚持八个"相统一"，其中之一"坚持灌输性和启发性相统一"，可以说，这里的"灌输性"便是源于马克思主义的灌输理论。

　　思想政治理论课的特殊性在于，它既包括马克思主义基本理论知识的传授，同时又致力于引导受教育者增强对新时代中国特色社会主义的理论认同、政治认同和情感认同，坚定"四个自信"，培养德智体美全面发展的中国特色社会主义合格建设者和可靠接班人，培养担当民族复兴大任的时代新人。思想政治理论课是一门集知识性、思想性、学理性与政治性相统一的课程，是落实立德树人根本任务的关键课程。要实现这样的目标，我们必须理直气壮地对学生以科学的方法灌输马克思主义理论，因为"从《共产党宣言》发表到今天，虽然人类社会发生了翻天覆地的变化，但马

---

① 毛泽东：建国以来毛泽东文稿，中央文献出版社，1991，第 503 页。
② 马克思，恩格斯：马克思恩格斯文集（第 10 卷），人民出版社，2009，第 562 页。
③ 列宁：列宁全集（第 35 卷），人民出版社，1985，第 422 页。

克思主义所阐述的一般原理，从整体来说仍然是完全正确的"①，而且马克思主义理论知识不可能自发地在学生头脑中产生，必须通过灌输的方式，引导学生认同"马克思主义为什么行""中国共产党为什么能""中国特色社会主义为什么好"。

思想政治理论课无论采用哪一种教学模式，在完成教学目标的过程中，在传授马克思主义基本理论知识、引导受教育者坚定"四个自信"的过程中，都必须借助思想政治教育的灌输理论。

三、思想政治教育的主体间性理论

什么是主体间性?《西方哲学英汉对照词典》是这样解释的:"心灵的共同性和共享性隐含着不同心灵或主体之间的互动作用和传播沟通，这便是它们的主体间性。"② 主体间性，是当代中西哲学视域中的一个闪光点。现象学大师胡塞尔首先提出"主体间性"的概念。他认为，每一个人都可以称为一个具有独立性的"自我"，即独立的个体，"自我"之外也同时存在着一个或者多个"他我"，也是独立的个体，然后通过拥有一个共同的世界，所以"自我"与"他我"，即两个或多个独立的个体，最终成为一个共同体。这样，传统的单一的主体性变成多个的主体性，演绎为主体间性。正如哈贝马斯所说:"主体间性意味着主体与主体在交往活动中表现出来的交互主体，他们之间存在着同一性和一致性。交往双方彼此缔造对方，决定对方的存在，双方不存在建构和被建构的关系，而是在成就对方的基础上达成理解，形成共识并走向融合。"③ 主体间性就是在主体与主体的相互关系中所包含的内在规定性，是人与人之间的统一性的关系。

---

① 习近平:《在纪念马克思诞辰200周年大会上的讲话》,《人民日报》,2018年5月5日。
② [英]尼古拉斯·布宁:西方哲学英汉对照词典,人民出版社,2001,第58页。
③ 杨大春:语言·身体·他者:当代法国哲学的三大主题,生活·读书.新知三联书店,2007,第257页。

追溯到最初的教育理论，教育者是主体、受教育者是客体。随着教育理论的不断发展，人们逐渐认识到教育者与受教育者均是主体，所谓的传统的主体性教育理论，是从单一的主体与客体的关系角度来理解受教育者的主体性问题的。这种单一的主体与客体关系，追求的是单向灌输，教育者处于权威地位，受教育者处于被动接受状态，容易产生教育者与受教育者之间的关系的"异化"，而这种"异化"最终导致教育者与受教育者之间因缺乏双向良性交流互动而教学效果差强人意。

高校思想政治理论课同样面临如此尴尬的问题，教育者不仅是主导，还是主体，受教育者是客体，教育者具有"与生俱来"的优势，受教育者被动接受、被动学习、被动发展，最终造成看似学生"在场"，实则"不在场"的状态，教学效果可想而知。可喜的是，近年来基本上已经改变教育者的单一主体性，通过各种教学方法力图凸显受教育者的主体地位，但取得的效果参差不齐。高校思想政治理论课想让受教育者有更多的获得感、让受教育者成为学习的中心，亟须借鉴主体间性理论。主体间性理论强调的不仅是教育者与受教育者均是主体，而且强调教育者与受教育者两个主体的相互关系，在交流与对话中扩大彼此的视野、丰富彼此的认知体系，从而获得双方的共同成长与进步。正如马克思所言，人的本质是一切社会关系的总和，在社会关系中，才能使人的本质得到不断体现。

高校思想政治理论课的教学模式的建构应以主体间性理论为基础，教育者与受教育者均为主体，教育者与受教育者之间是一种平等的关系，这种平等指的是整个教学环节，包括课前、课中、课后的平等沟通、平等对话、平等交流，确保教学的有效性，从而取得更好的教学效果。当然，主体间性教学理论要求高校思想政治理论课教学"对于外部社会，既不能亦步亦趋，简单盲从，亦不能漠然处之，无动于衷，而应持一种理性的态度，对促进人的发展、社会的发展保持前瞻性、引导性、规范性"[1]，避免

---

① 张耀灿等：思想政治教育学前沿，人民出版社，2006，第355页。

沦为"工具人"。可以说，基于主体间性理论的高校思想政治理论课教学模式，增强思想政治教育的接受性，丰富思想政治教育的方法，有利于实现由教学的"对象化的活动"向教学的"主体间的交往"的转变。

四、建构主义学习理论

"建构主义"由瑞士的皮亚杰最早提出来，属于认知心理学派的一个分支，后来在强调自主学习的西方教育学领域，成为一个重要的理论流派。建构主义学习理论认为，传统教学模式以教师为中心，学生处于被动地位接受知识，整体教学处于"孤岛效应"之中；而建构主义学习理论主张知识获取的过程是学生与教学环境、教学环节的相互作用中主动探索知识、获取知识，进而提升学习效率、提高学习效果，进行自我建构的过程。20世纪90年代开始，建构主义学习理论在全球范围流行，并对教学理论研究和教学实践获得产生较为深远的影响。建构主义学习理论认为，教师是教学活动的组织者、指导者、帮助者、促进者，是教学活动的中心和主体，是知识的构建者，学生在教师的指导下主动探索学习，从而形成自己的新的对知识的理解和建构。

1997年，何克抗教授将建构主义学习理论引入我国教育技术领域，该理论在教育界引发普遍关注并投入具体的教学实践之中。目前，已有不少学者把建构主义学习理论引入高校思想政治理论课的教学中，比如在建构主义学习理论指导下的支架式教学、抛锚式教学、随机进入教学等教学方法。那么，无论是哪种思想政治理论课教学模式都无法脱离建构主义学习理论的核心，如创设模拟教学情境、学生自主学习与合作学习、多主体多维度的分析讨论、构建评价等，也只有在这样一种平等对话的氛围之中，学生才能进行创造性思维和意义建构，高校思想政治理论课的教学效果才会凸显。

第三节　高校思想政治理论课教学存在的问题

当前，无论是理论的构建，还是实践的探索，高校思想政治理论课教学模式在不断发展完善之中，比如前文提到的李松林教授在《思想政治理论课教学模式研究》中讨论了当下比较集中的十种思想政治理论课教学模式，一种思政课教学模式可能倾向于教学过程中一个问题的解决，那么，高校思想政治理论课教学中存在哪些问题？能不能构建一种思政课教学模式，最大化解决思政课教学中的突出问题？若想构建这种最大化解决思政课教学中突出问题的教学模式，需要厘清思政课教学中存在的以下突出问题。

一、学生主体性发挥欠佳

马克思说："作为认识世界和改造世界的主体，是现实的人和现实的人类"。① 主体是认识与实践中的认识者、实践者，它是与认识和实践的客体相对应、相关联而获得其规定性的，是在实践活动中得到确认的人。② 说到底，主体是指从事认识活动和实践活动的个体、团体甚至整个人类社会。那什么是主体性？主体性是主体的属性，上文也提及主体的含义，所以说主体性是人的本质特征。袁贵仁指出："主体性概括起来主要指人作为活动主体在对客体的作用过程中所表现出来的能动性、自主性和自为性。"③ 那么，学生主体性便是指学生在学习过程中所表现出的能动性、自主性和自为性。

---

① 马克思，恩格斯：马克思恩格斯全集（第2卷），人民出版社，1957，第117页。
② 侯明志：论高校学生思想政治教育学生主体性存在的问题及对策，西南师范大学，2005。
③ 袁贵仁：马克思的人学思想，北京师范大学出版社，1996，第158页。

党的十八大以来，高校思想政治理论课教学工作在改革实践中取得了巨大成就。在党的教育方针的指导下，相关部门和思政课教师协同发力，不断创新思政课教学模式，主要体现在学生主体性的发挥方面。目前，高校思想政治理论课学生主体性发挥越发明显，单向的"教师教、学生学"的现象一去不复返，教师主导、学生主体的主体间性双向互动正在形成，体现在以下几个方面：第一，师生互动性不断增强，学生在课堂中的话语权增多，师生间的情感交流日益深化；第二，学生的能动性逐步提高，学生不再是被动地接受教师的输出，而是在教师的引导下能够提出问题、分析问题并尝试解决问题，抑或与教师平等地对话；第三，学生的创造性凸显，在理论方面学生能够在融会贯通的基础上对思想政治理论课教学内容进行创造性整合，在实践方面，学生能对教学内容进行创造性应用和践行，能够正确认识世情国情社情，并探究、分析、解决问题。

但是，目前来看，学生主体性发挥并未形成一种良性循环，体现在以下几个方面：第一，部分学生课堂效率不高。部分学生对思想政治理论课认识不足，认为其无法与专业课程相提并论，因此在课堂上更多以应付的心态开展被动学习，甚至出现"游戏"课堂的情况，课堂效率堪忧。第二，部分学生关注低阶学习。部分学生认可思想政治理论课的重要性，但停留在低阶学习阶段。什么是低阶学习？就是运用低阶思维进行机械接受式的学习，"低阶学习的结果就是获得惰性知识或呆滞知识，生成呆滞智力且难迁移"。① 学生只知其然不知其所以然，更无法谈及知识内容的整体性与逻辑性，正因为如此，学生在知识输出的过程中经常出现逻辑"笑话"。第三，部分学生重理论轻实践。部分学生认可思想政治理论课的重要性，对于理论知识信手拈来，但是一旦由理论走向实践，变得手足无措，不能认清世情国情社情，也不能做到提出问题、分析问题、解决问题，更不能参与实践与服务社会。

---

① 钟志贤：大学教学模式革新：教学设计视域，教育科学出版社，2008，第99-100页。

究其原因，第一，主体意识有待加强。什么是主体意识？"关于自身的自觉和明晰的认识，它包括学生对于自身在整个思想政治教育中所具有的主体地位、主体性作用、所担负的具体使命、自身能动性活动对于社会所具有的现实与长远意义的全面而深刻的认识。"[1] 学生只有正确认识自身的主体地位、主体作用，才能发挥自身的主体性。

第二，教学理念有待更新。教师们虽认可"以教师为主导、以学生为主体"的教学理念和思想政治教育主体间性教学理论，但在实践中问题百出。有的教师曲解"灌输"理论，认为"灌输"理论，就是在课堂上讲理论知识、理论体系、理论框架，忽视学生主体地位的发挥，培养问题意识、培育马克思主义理论素养更是无从谈起；有的教师认可学生主体性发挥的重要性，但碍于教学能力等多方面因素，不能构建合理科学的教学模式，导致学生主体性发挥不足。

第三，教学环境有待优化。高校思想政治理论课是面向全校学生开设的公共必修课，师生配比 1：350 的要求还不能真正落实，因此相当一部分院校普遍采用大班制或中班制教学，甚至超大班制教学，不能保证所有学生全部积极有效地参与到教学过程中，不能为学生主体性的发挥提供一个好的教学环境。而教师面对大容量的授课对象，可以说，"心有余而力不足"，也无法开展发挥学生主体性的教学模式，只能重新回归以教师为主体的授课状态。

二、教学方法亟须优化

什么是教学方法？一般认为，方法是指为达到某种目的而采取的步骤、手段和途径；而马克思主义认为，方法不是人类理智随意创造的规则的总和，而是关于自然界、人类社会和思维的最一般的科学。[2] 可以说，

---

[1] 侯明志：论高校学生思想政治教育学生主体性存在的问题及对策，西南师范大学，2005。

[2] 陈华洲：思想政治教育方法论，华中师范大学出版社，2010，第 2 页。

方法是实践主体在实践活动中为实现一定目标而对客观规律的自觉运用。而教学方法，就是在教学活动中，教师为实现教学目标，根据教育教学客观规律所选择和运用的方式、程序和途径的总和。什么是思想政治理论课教学方法？就是为实现思想政治理论课的教学目标完成立德树人的教育根本任务，作为双主体的教师与学生，根据思想政治理论课的教育教学规律，所采用的手段、方式与途径的总和。

随着思想政治理论课教学改革的不断深入，思想政治理论课教学方法的改革也持续跟进。传统的思想政治理论课教学方法为理论讲授法，教学内容的理论性、完整性、系统性及体系化是其优点，但学生的主体性体现差强人意。随之教学方法的改革，比如案例式教学方法、讨论式教学方法、问题链教学方法、体验式教学方法等，无一不力图凸显学生的主体性。这些教学方法之间是相互融合的，案例式教学方法势必包含讨论式教学方法、问题链教学方法，而体验式教学方法也包含案例式教学方法。教学方法的不断改革，从理论意义上来看，推动了教育教学理论的发展；从实践意义上来看，有效地提升了思想政治理论课的教学质量和育人效果。

那么，目前思想政治理论课的教学方法是完美无缺的吗？答案是否定的，第一，部分课堂教学方法存在片面化、碎片化，甚至娱乐化的倾向。为改变传统的单一的理论讲授教学方法，提高学生的学习兴趣，提升学生的参与度，部分教师在授课过程中存在片面化的现象，只讲学生感兴趣的内容，只设计吸引学生注意力的环节，过度解读教学案例，利用"眼球效应"博取学生的抬头率，通过掌声激烈程度评价课堂教学效果，甚至，部分教师为"投其所好"，课堂教学出现娱乐化的倾向。而思想政治理论课的政治性与学理性、价值性与知识性受到削弱，思想政治理论课的整体性、系统性受到挑战，进而势必造成思想政治理论课的高阶教学目标难以实现。第二，部分课堂教学方法弱化师生情感交流。以信息技术为支持的思想政治理论课教学方法在提升课堂效率方面具有一定优势，但隔着屏幕的教学缺失面对面交流环节，在知识目标达成上有可能会差强人意，尤其是在情感目标与价值目标的达成上会大打折扣；另外，以信息技术为支持的思想政治理论课教学方法看似提升课堂效率，但部分教师提前录制线上教学视频，并没有做到及时根据变化调整视频，更没有前沿知识、热点解析等，势必会削弱教学效果。

总而言之，无论是传统理论讲授教学方法，还是目前普遍被采纳的凸显学生主体性的各种教学方法以及信息技术型教学方法，都有利有弊。那么，在思想政治理论课教学模式构建过程中，对于教学方法的建构，能不能做到既保留传统教学方法的理论性，又能凸显学生主体性，还能利用提高效率的新技术？这是摆在我们面前的难题。

三、教学评价差强人意

什么是教学评价？简单来说就是对教学质量好坏的判断。教学评价是在一定评价理念指导下，以课程和教学目标为依据，按照科学的标准，运用有效的技术手段，对教学过程及结果进行测量并给予价值判断的过程。[①]那么，高校思想政治理论课教学评价是什么架构？《深化新时代教育评价改革总体方案》提出，立德树人成效是根本标准，"改进结果评价、强化过程评价"是基本要求；《新时代学校思想政治理论课改革创新实施方案》中提到，大学阶段重在增强学生的使命担当，这些要求为高校思政课的教学评价改革指明了方向。高校思政课教学评价在立德树人根本目标的指导下，由评价目标、评价主体、评价方式、评价指标等几部分组成。目前，随着高校思政课教学改革的不断深入，思政课教学评价的改革也随之而来，教育者秉承立德树人的教育根本任务，明确思想政治理论课课程的特殊性，结合"过程性评价与结果性评价"的互补性，引入 OBE 成果导向评价理念等，无疑对于思政课教学评价的完善起到促进作用。

但是，高校思想政治理论课教学评价面临几个问题，亟须深化改革。

---

① 王本陆：课程与教学论，高等教育出版社，2017，第 224 页。

第一，评价目标模糊。高校思想政治理论课教学评价的目标到底是什么？是教学目标是否达成？美国课程评价著名学者泰勒认为"评价过程其实就是判断课程与教学计划是否达到，达到何种程度教育目标的过程"。[①] 但教学目标又分为知识目标、能力目标和价值目标，三维目标如何权衡又是一个现实问题。比如对于知识目标而言，部分认为能力目标和价值目标基于知识目标，所以知识目标非常重要；部分认为高校思想政治理论课重在能力培养及价值塑造，所以对于知识目标的达成不够重视。而无论是否重视知识目标，对于能力培养与价值塑造的评价设置都过于宏大，难以观测衡量而且不够合理科学，最终导致教学评价目标模糊。

第二，评价主体缺位。评价的是高校思想政治理论课教学，那么谁是评价主体？教师是课堂教学的实施者和组织者，学生是课堂教学的中心，对教师"教"的评价与对学生"学"的评价无疑是评价的主体。而目前部分高校思想政治理论课教学评价局限于学生的"学"，缺少有对教师"教"的评价，即使有，其评价方式也大都不够科学，更无从谈及评价体系。

第三，评价方式单一。对教师的评价，一般由学生评价与督导评价构成，学生评价占比较大，且学生评价具有主观性与盲目性；针对一次课而言，督导评价比较客观，但督导通过随机一次听课对教师课堂教学做出评价，难免出现整体评价的不客观，甚至以偏概全。对学生的评价，无论是过程性考核还是结果性考核，评价方式非常单一，比如过程性考核，学生课堂表现作为一项重要衡量标准，但是目前高校思想政治理论课小班授课的覆盖率远远不够，中班或大班授课依然是以理论讲授为主的传统授课方式，也就是说学生在课堂上并不会获得更多的表现机会，那么课堂表现这一看似合理科学的衡量标准形同虚设。结果性考核更是如此，教师与学生都希望在结果性考核中综合知识目标、能力目标与价值目标，然而在结果性考核中获得高分就能代表在能力目标与价值目标上高效达成吗？答案是

---

① 李基礼：思想政治理论课教学评价的基本问题探赜，学校党建与思想教育，2015 年第 11 期：第 57 页。

否定的，部分学生在过程性考核与结果性考核中得分并不优秀，但在思想政治理论课能力目标与价值目标的实现上交出了优秀的答卷。

高校思想政治理论课的教学评价的确存在不尽如人意的地方，其原因有很多，但从根本而言，对于高校思想政治理论课的特殊性认识不够。高校思想政治理论课是实现立德树人根本教育任务的关键性课程，是一门集思想性、政治性、理论性为一体的课程，思想政治理论课在突出科学性和理论性的基础之上，必须体现出其所独有的政治性和意识形态性，因此思想政治理论课的教学评价是一项非常复杂的系统工程，所以在构建思政课教学评价过程中应该与其他课程做一区分，以达成高校思想政治理论课的特殊使命。比如对于学生个体而言，无论是在校期间的过程性考核，还是结果性考核，对于学生能力目标、情感目标与价值目标是否真正达成难以衡量，因为思想政治教育的成果显现存在滞后性，因此可以建立长期跟踪机制，将学生终身成长档案作为衡量教学评价体系的一个重要指标。

第四，教学效果有待提升。在学术界一般使用"教学有效性"代替"教学效果"，那什么是教学有效性（抑或教学效果）？王升教授给出更加全面的定义："从教学目的来看，实现学生全面发展；从教学主体来看，师生双方协同配合；从教学过程来看，方法科学，手段合理；从教学结果来看，是一种教学的良好状态，能够实现三效合一。教学有效性就是旨在促进学生全面发展，师生双方协同配合，教学方法科学、教学手段合理，教学效果、效率、效益良好的一种教学状态。"[①] 概括起来，影响教学效果的因素包含教师因素、学生因素、内容因素和环境因素。

前文已详细论及学生因素与环境因素交叉，即学生主体性发挥不足、教学方法亟需优化、教学评价差强人意等思想政治理论教学中存在的问题最终导致教学效果欠佳，接下来论述一下教师因素和内容因素。

---

① 王升：主体教学有效性探索，教育科学出版社，2012，第 38 页。

在学校思想政治理论课教师座谈会上，习近平总书记提出"八个统一"的具体要求，为思政课的改革创新指明了方向；同时，在讲话中他明确强调办好思政课的关键是要发挥思政课教师的积极性、主动性、创造性；思政课教师，要给学生心灵埋下真善美的种子，引导学生扣好人生第一粒扣子。可以说，教师的思想政治素养、人文素养、知识涵养等因素直接关系着思想政治教育的效果。"立德修业""铸魂育人""守正创新"，这也是习近平总书记对思政课教师提出的基本要求。换句话说，提升思想政治理论课教学效果，应该持以下几条原则，立德修业是思政课教师的立身之本，铸魂育人是思政课教师的神圣职责，守正创新是思政课教师的发展动力，也只有这样，才能从教师因素提升教学效果。

提升高校思想政治理论课教学效果，还有一个关键因素——教学内容，无论怎么丰富教学方法、完善教学程序、优化教学评价，我们绝对不能忽视"内容为王"这一核心。什么是教学内容？思想政治理论课五门课程的重点难点是教学内容，学生关注的重大理论问题和现实问题以及学生在这一阶段的思想困惑也是教学内容。我们在教学过程中应该融合教学内容、整合教学内容，只有将这些内容、问题讲清楚、讲透彻，才能吸引大学生、打动大学生，才能提升思政课的抬头率、点头率和回头率，才能真正提升教学效果。

第二章

专题任务驱动与高校思想政治理论课教学模式

以专题案例和项目任务为主要驱动的教学模式在高校思想政治理论课中有效开展，旨在打造"深化学生哲学理论知识、历练学生创新思维、提升学生实践能力、帮助学生融入团队、增强学生知识迁移能力"等为主要教学目标，力求在集体授课过程中，突出学生个性、激发学生创新性、强化学生实践性，促进学生、教师和学校各自职能的有效发挥，形成一个开环整合驱动发展的（自主——合作——实践——理论提升）双循环教学模式。我们教学团队经过几年的反复实践，切实感受到新的教学模式的采用弥补了传统教学过分强调知识目标、完全沿用教材体系、过分强调教学理论和政策理论的灌输等缺陷，进而转向教学体系重构、学生能力培养、情感培育、品格形成、价值观塑造等方面；在专题目标任务驱动下，学生由主体向主导转化、教师由主导向引导转化，教学体系以教材体系为核心进行重新构建，教学过程向课前和课后延伸，教学环节具有鲜明的探究性和合作性，从根本上扭转了思想政治理论课教学过程枯燥、乏味、沉闷的讲授状况，学生到课率、抬头率、参与度和反馈度也明显提高。

第一节 专题任务驱动相关概念阐释

一、何为专题任务驱动

习近平总书记在全国教育大会上明确提出，教育要"遵循教育规律，坚持改革创新"。① 现代社会的开放性和发展性，网络的畅通与无限联结，知识获取途径的多样化和实时化，都对思想政治理论课提出了更为严格的要求和创新发展的需求。思想政治理论课教学方式的创新发展和模式的更新，不仅对教师提出了更高的要求，也对教学方式和方法提出了符合时代需求的期望，要完成理论与实践的高度统一、思想与行为的协调一致、教师与学生的完美结合，就需要思想政治理论课在教学模式上充分发挥老师和学生的积极性、主动性与创造性，将课程内容和教学体系进行全面重构，形成一个适合教学、贴近学生的授课体系。因此，以提升高校思想政治理论课教学效果和授课水平为主要目标，突出"做好高校思想政治工作，要因事而化、因时而进、因势而新"② 的新理念，为全面搞好高校思想政治理论课提供了切实的理论指导和实践指南。因此，不断创新和探索思想政治理论课的教学模式和教学方法成为当务之急，我们经过几年的改革实践与理论研究，提出了一系列新的模式和方式，总结为"专题任务驱动式"思想政治理论课教学模式，取得了一定的教学实绩，形成了较好的教学效果，凝聚了一支能讲、会讲、能导、会引、能组、会启的教学团队。

专题任务驱动式教学模式，就是对思想政治理论课进行重新分解组合，将原先的章节体系完全打破，改变现有的教学模式，结合时代需要、学生成长规律和学科特色对教材体系进行重新规划，按照逻辑规律和知识框架进行分化组合，将教材中相关的内容或是具有前后逻辑顺序的内容进行归纳组合，形成一套逻辑严密、知识组织适当、难易适度的教学方法。在专题任务设定完成后组织学生进行参与式、主动式学习。结合社会实际问题，以知识点为引领，教师提前创设好问题情境，以研讨问题为切入

① 习近平在全国教育大会上强调 坚持中国特色社会主义教育发展道路 培养德智体美劳全面发展的社会主义建设者和接班人，党建，2018年第10期，第4-6页。

② 习近平在全国高校思想政治工作会议上强调：把思想政治工作贯穿教育教学全过程 开创我国高等教育事业发展新局面，（2016-12-09）［2022-2-16］。

点，让学生们进行问题探究式学习，学生成为学习的主体和主导，能够有效地将学习内容和分析问题、解决问题有效结合。专题任务驱动教学模式的开展是以师生发展为中心，学生在学习过程中将专题知识学习与任务布置相结合，通过完成相应的任务来激发和维持学习的兴趣与动机。在教师模拟的教学场景和创设的学习氛围中，学生完成从教学主体向教学主导的转换，教师成为教学活动流程的设计者和引领者。就整体的教学组织而言，教学主体、教学主导、认知主体、实践主体、教学设计、教学组织、教学评价和教学反思等构成一个完整的教学闭环驱动整体，实现了教师与学生的双线互动、共同成长。教学方法、教学手段、教学目标、教学任务帮助教师达成教学的主要目标，学习方式、学习方法、学习手段、学习内容和学习目标等构成了认知主体，学习任务完成、理论实践的实施、专题任务的完成、研讨目标的实现构成实践主体，教学环节的设定、教学过程的实施、教学手段的运用、专题任务的设计、研讨问题的审定等构成了教学设计，教学存在的问题、教学过程的收获、学生教学参与度、问题研讨开展情况、学生的学习收获、教学改进措施等构成了教学反思。专题任务驱动中的任务驱动是双向的，教师的角色是设计者、提问者、组织者和引导者，学生的角色是探究者、完成者、分享者和实施者，二者共同完成围绕由专题教学与任务驱动两个方面构成的主线而展开课堂教学活动。教学模式的采用就是将这几个方面的元素充分利用起来，发挥其各自的优势和特长，实现教学过程的完美实施。

专题任务驱动教学模式的顺利实施，充分考虑了社会时代发展变化现实需求、学生成长规律、思想变化的实际特点等多方面要素，适度打破了思想政治理论课原有课程框架，按照思想理论的内在逻辑和理论体系的历史逻辑，对其中相近或是相似的内容，抑或是有着紧密联系的内容，进行重新拆分组合和拼接，形成若干有着一定逻辑关系、内容相对独立但又彼此相互关联的专题模块进行授课。在专题模块内，由教师设定创设任务情景或是问题情景，以问题为纽带让学生运用已经学习的理论、原理或是规律进行探究式学习，学生由课堂教学主体向教学主导转化，学生成为课堂的主人，教师成为引导、点播的教学引导人员，学生主动获取知识、解决问题、团队合作、能力培养等多方面的潜力被激发。实施专题任务驱动教学模式，有效解决了高校思想政治理论课教学过程中存在的诸多问题、矛盾和困惑，在促进教师打破原有知识体系，构建新的逻辑框架和内容框架的同时，学生也能够打破原有的知识条块分割情况，迅速转换角色定位，课程教学向课前进行了延伸，提升了学生自主学习的兴趣和能力，课堂教学以讲授知识、答疑解惑为主，学生的合作分析、问题研讨、答案呈现和知识输出为主要内容，学生有了充分表达自己的自由，质疑、提问、探究、讨论和分析等都能够展现出来，学生不再是知识的被动接受者和被灌输者，而是教学的主导、教学任务的完成者、教学目标的协作者、问题的解决者，通过学生的广泛参与和热情投入，极大地提升了思想政治理论课的时效性，增强了思想政治理论课的针对性和感染力，真正实现了高效教学的目的。

教学有法、教无定法、贵在得法。随着零零后步入大学殿堂，作为网络原住民的这一群体必然会对思想政治理论课有更高、更新、更细的要求，面对新时代、新情况、新问题，思想政治理论课教学必然要推陈出新、推己及人，在教学方式、教学设计、教学模式上不断地探索新的突破。思想政治理论课教学本身就没有固定的模式和方法，也没有一成不变的设计和理念，每个学校、每位教师都可以将自身的学校特色、学生特点、时代需求等多方面因素结合起来综合考量，在教学模式上不断创新。专题任务驱动教学模式就是要发挥教师在教学过程中的引导作用，又充分体现学生在学习中的主导地位。采取专题任务驱动教学模式时，要充分进行教学设计，对教学需要、教学内容进行分析，阐明教学目标，对学情进行系统分析，在专题内容完善、任务设定的细节上不断打磨，进行教学策略的设定，这样才能有效发挥两个方面的长处和优势。在进行专题任务驱动的过程中，教师从总体上进行指导，与学生进行合作时，要引导学生对任务或是项目产生认同感，站在任务构成的情景中去认识问题、分析问题、解决问题，从而达到认识世界的目的。虽然从表面上看，专题任务驱动在形式上减少了教师授课时长，但教师在组织学生做项目、完成任务时，扮演着更为重要的角色。就是在学生困惑不解的情况下，教师要点破窗户纸，让学生有种恍然大悟的学理透彻感。在教学过程由前向后延伸的设计中，教师的工作量不但没有减少反而增加了，教师的地位更加增强了，师生之间的联系更为紧密了。学生通过教师的任务布置和项目驱动完成了自我主动式的学习，这种学习的动力是内生的，让学生们掌握学习的主动性，掌握学习的方法和解决问题的视角，从而带给学生的成就感就会更加强烈，这种知识的掌握和运用也会更为扎实。

二、专题任务驱动遵循的原则和要求

任何教学模式都需要遵循一定的教学原则，教学活动才能顺利开展，达到既定的教学目标。专题任务驱动模式在高校思想政治理论课中实施，不仅要遵循一般的教学原则，而且还要遵循该课程所具有的教学原则。专题任务驱动模式在思想政治理论课中有效实施，完全遵循着思想政治理论课教学活动的基本规律，经过了高校思想政治理论课教学活动实践检验，在基本原则指导下收到明显成效的。原则和要求是贯穿于整个教学过程，指导整个教学活动以达成教学目标的，它是教学规律的具体化，是教学原则的进一步明晰化，是我们开展教学活动所必须要遵循的基本原则。

（一）师生共同成长

教师和学生始终是教育的两大主体，是高校得以生存、延续、发展的两个最基本的要素。任何一所高校都是以教师和学生为主体所构建的共同体。高校在思想政治教育教学改革中必须重视师生发展的需求，着力构建"师生成长共同体"，将"以师生发展为中心"的教育理念渗透到高等教育改革的全部工作中，贯穿于教育教学活动的全过程。"三人行，则必有我师"提出了为师的新标准，彰显的是一种崭新的教育观和学习观。何为

"师",古人云:"师者,所以传道授业解惑也。""是故无贵无贱,无长无少,道之所存,师之所存也。"古人认为"师"的主要任务是"传道""授业"与"解惑"。因此,师与生的关系,就以"道"与"业"来衡量的。谁先有"道",谁就是师;谁有专"业"学问,谁就是师。师不应受年龄、地位、资格等限制,正所谓"是故弟子不必不如师,师不必贤于弟子,闻道有先后,术业有专攻,如是而已"。新时代,高等教育已然发生着深刻的变革,人工智能、大数据、区块链等技术迅猛发展,正在深刻改变着人才需求和教育形态。智能环境不仅改变了教与学的方式,而且已经开始深入影响到教育的理念、文化和生态。教师信息技术应用能力基本具有但信息化教学创新能力尚显不足,信息技术与学科教学深度融合不够,高端研究和实践人才已然短缺。高等教育的深刻变革,对教育者和受教育者提出了更高的要求,面对这深刻变革,所有人都应是学习者。构建"师生成长共同体"是践行"三人行,则必有我师"教育观念的时代表达。构建"师生成长共同体"蕴含"能者为师"和"教学相长"的教育意蕴,提倡构建和谐平等、互相学习、共同成长的师生关系。

人才培养是新时代高等教育的根本使命。人既是高等教育的服务对象,也是高等教育的依靠力量。2016 年 12 月,习近平总书记在全国高校思想政治工作会议上指出我国高等教育发展方向要同我国发展的现实目标和未来方向紧密联系在一起,为人民服务,为中国共产党治国理政服务,为巩固和发展中国特色社会主义制度服务,为改革开放和社会主义现代化建设服务。高校要着力以"四个服务"为根本指向培养人才,始终坚持以人为本,坚持以人为本就是坚持以广大师生为本,紧紧依靠广大师生办学,使办学成果为全体师生共享。要"以师生发展为中心",着力构建师生成长共同体。构建师生成长共同体要着眼于人才培养目标,以服务大学生成长成才为主线,确立大学生在学习中的主体地位,积极促进大学生的个性发展,全面提高其社会责任感、创新精神、实践能力,使其真正成为德智体美劳全面发展的社会主义建设者和接班人;构建师生成长共同体要着眼于教师成长需求，把高水平师资队伍建设，特别是青年教师能力提升作为基础工程来抓，改革聘任制度和评价机制，坚持培育和引进并举，全面推进科教结合，通过各种举措引导教师潜心育人；构建师生成长共同体要建立师生反馈机制和社会应合机制，倾听师生之声、了解师生之需、满足师生之求，着力构建师生共同成长的教育氛围，建立师生共同成长的制度机制，完善师生共同成长的保障体系，实现师生共同发展的目标。

在高等教育中，和谐的师生关系不仅是顺利完成教育教学任务的必要保障，也是师生获得稳定成长与发展的有力支持，更是师生在教育教学活动中的价值、生命意义的具体体现。构建师生成长共同体是实现师生"各美其美""美美与共"和谐局面的重要保障。构建"师生成长共同体"要恪守"主体间性"原则，打破"教师中心论"或"学生中心论"的传统模式，以建立师生之间信任平等的交互性为基础，注重师生的共生共在性；构建"师生成长共同体"，要注重"教学相长"，使"教"亦是"学"，"学"亦是"教"，在师生的智慧"碰撞"中，促使教师不断转变教育观念，增长教育智慧，提升幸福指数，促进学生健康成长，提高综合素养，实现教师与学生互相包容、彼此融合、共同生长；构建师生成长共同体，促使教师和学生之间精神和心灵相互碰撞，情感、思想和智慧相互交融，使教师和学生在理解、信任、交流、互动中臻至完善，达成共识，增长智慧，体验生命，完善人格，进而达成"各美其美""美美与共"的双赢格局。

服务师生发展，提高师生的获得感、幸福感，是落实以人民为中心的发展思想的具体体现和生动实践。广大师生是高校发展的动力源泉、智慧源泉。随着社会的快速发展，师生对良好工作生活条件的需求日益突出，要坚持以师生为本，想师生所想，努力为师生提供良好的条件保障和人性化服务。构建"师生成长共同体"是实现师生续航发展的有力支撑。构建"师生成长共同体"必须始终坚持从师生中来、到师生中去，问政于师生，问计于师生，问需于师生，充分调动广大师生员工在推动学校事业发展中的积极性、创造性，不断满足师生对学校未来发展的美好期待。教师是立教之本、兴教之源。构建"师生成长共同体"，要培育"尊师重教"优良传统，引领教师人人尽展其才，引导教师做有理想信念、有道德情操、有扎实学识、有仁爱之心的好老师，做学生锤炼品格、学习知识、创新思维、奉献祖国的引路人，不断提高教师待遇，让广大教师安心从教、热心从教。学生是学校的主体，学生的发展才是学校最好的发展。构建"师生成长共同体"的理念，就是对广大学生多一分呵护与关爱，关心学生身心健康，维护学生自身权益，充分信任、紧紧依靠学生，不断满足学生的个性化需求，为学生学习生活搭建良好平台。

（二）"八个统一"的要求

习近平总书记在学校思想政治理论课教师座谈会上指出，思想政治理论课是落实立德树人根本任务的关键课程，推动思想政治理论课改革创新，要不断增强思政课的思想性、理论性和亲和力、针对性。要坚持政治性和学理性相统一，价值性和知识性相统一，建设性和批判性相统一，理论性和实践性相统一，统一性和多样性相统一，主导性和主体性相统一，灌输性和启发性相统一，显性教育和隐性教育相统一。① 这"八个相统一"是对我们思想政治理论课的规律性认识和科学概括，也是我们进行思想政治理论课教学改革的基本遵循，专题任务驱动教学改革模式的创新也是按照八个相统一的原则实施的。"八个相统一"直面思政课是建设过程中的重大问题和广大教师关心的热点难点问题，从理论高度和实践实施相结合上做出了深刻的回答，专题任务驱动教学模式的探索就是深刻领会其思想深刻内涵，贯彻到教学实际中，不断创新方式方法、开拓新模式、新范式，让思政课具备亲和力、吸引力和感染力的特性，让学生喜闻乐见、受益无穷，让教师深入教学教材、教育者先受教，各自都获得提升。

专题任务驱动教学模式是坚持政治性和学理性相统一、坚持价值性和

---

① 习近平：用新时代中国特色社会主义思想铸魂育人 贯彻党的教育方针落实立德树人根本任务，（2019-3-19）［2022-2-18］.

知识性相统一、坚持建设性和批判性相统一价值原则的具体体现。思政课是具有鲜明政治属性的课程，我们坚持在马克思主义的方法论指导下用科学的政治理论去推动有效的课程改革实践。专题任务的设定就是以马克思主义为主线、以唯物辩证法方法论为指引，形成了一套完整而严密的逻辑体系，在这个基础之上再选定专题内容、任务主体和活动内容，突出政治引领，强化理论内涵，理顺逻辑体系，坚持以习近平新时代中国特色社会主义思想武装头脑，坚定"四个自信"，做到"两个维护"，让专题内容与任务设定相互支撑，通过理论的解释力、说服力和感染力，着力用真理的强大力量引导学生，让学生在感受理论魅力的同时，坚定马克思主义、社会主义的政治立场、政治观点和政治方向。思想政治理论是以知识传授为基础，注重政治理论传播和思想观念的更新。大学阶段正是学生们价值观、人生观、世界观的确立时期，习近平总书记用"拔节孕穗期"和"灌浆期"来高度概括，是需要教师用心的培育和专心的栽培才能使它们成为坚定的社会主义的建设者和接班人的阶段。专题任务驱动模式的创新就是将教材内容进行重构，用丰富的知识、前沿成果和现实成就培育正确的价值观，用价值观引领知识传授、实习实践。通过内容体系的重构、逻辑体系的阐释呈现出清晰、明了、通俗的学理分析，既能使学生感悟到理论的真谛又能解决学生们的困惑。教学改革的主线就是要坚持以中国特色社会主义理论为指引，让学生们坚定走社会主义道路的自信心和自豪感，传播主流的意识形态，要旗帜鲜明地讲政治，要大张旗鼓地弘扬正能量，通过教学改革的任务驱动让学生参与到教学环节中，呈现出明显的建设性的因素和环节。同时学生也要通过我们的内容设计和任务安排，敢于发出自己的声音，勇于对各种问题产生疑问，善于掌握各种问题的分析方法，以自己的视角对问题进行分析并得出一定的结论，这是以真理的掌握、方法的运用的为前提的。

专题任务驱动教学模式是坚持理论性和实践性相统一、统一性和多样性相统一的课程建设视角进行总体设计的。理论性是由思政课的课程性质、课程内容和教学目的综合决定的，具备知识传授、能力培养、情感培育和价值观塑造的多重目标，而且是环环相扣、螺旋上升的过程。实践性是由思政课培育学生目标达成所决定的，专题任务驱动就是以内容重塑和任务设定来培养学生运用马克思主义立场、观点和基本方法分析问题、研究问题和解决问题的能力，通过任务驱动实践目标的达成才能真正做到知行合一、内化于心、外化于行，真正实现理论与实践的结合。我们的专题任务驱动以课程为基础，通过课内实践、校内实践和校外实践等多种实践形式，将课堂、学校、社会、家庭有机结合起来，将思政小课堂与社会大课堂有机融合。通过专题任务驱动的思政课教学改革就是在保证基本教学内容不变和教学逻辑不破坏的情况下，形成内容重新组合、教学体系不断升级、教学逻辑保持不变，坚持马克思主义的指导，坚决落实教育部"05"方案，既要坚定实施教学目标、课程设置、教材规范等方面的统一要求，又要尊重差异、突出个性化，根据各个高校、各个地方的实际情况和特有资源，包容多样性，始终做到因地制宜、因时制宜、因材施教。

专题任务驱动教学模式是围绕坚持主导性和主体性相统一、灌输性和启发性相统一、显性教育和隐性教育相统一的课程教学方法和教学理念的创新视角展开的。主导性和主体性从教育教学过程中如何处理教师与学生的关系着手，教师如何发挥主导地位、学生如何转换主体身份是其中的要义。专题任务驱动教学改革就是要从根本上突出教师主导作用，构建师生发展为中心、师生共同成长的教育理念，根据设定任务差别，尊重学生的个性、心理成长规律、兴趣差异等诸多方面，积极将课堂发展成为学生发挥主体作用的载体和舞台。教师主导地位的形成要依靠教学内容的重构、教材体系向教学体系的转化、教学设计的创新、教学任务的设定，将教学过程形成一个完成的闭环系统、一个动态监控的过程、一个知识转化螺旋式上升的过程。学生主体作用的凸显，就是在理论学习的基础上，在教师的指导下，能够对任务进行独立的分析和判断，在任务完成过程中不断激发自身的主体自觉、参与意识和团队合作能力，在不同队伍中、不同任务中激发个人的竞争力和创新力，不断提升自己对于理论知识的理解力、领悟力和领会运用能力，进而形成一定的认识问题、分析问题和解决问题的综合素质。灌输和启发是教学过程中经常采用的两种有效的教学法，思政课具有鲜明的政治属性，也具有较强的理论深度，这就是要进行理论灌输的原因。毛泽东在《实践论》中指出："感觉到了的东西，我们不能立刻理解它，只有理解了的东西，才能更深刻地感觉它。"这就为我们进行理论学习提供了根本指针。灌输式教学方法是思政课必然首先采用的教学方法，是我们的基本教学手段。但是灌输式教学并不等于填鸭式或是强迫式教学，不能采用粗暴单一的教学，这就要求我们在进行灌输式教学的同时，采取多种形式与之相互配合、相互支撑。结合学生的实际和成长成才规律，通过丰富的教学设计，综合运用启发式教学方法，激发学生的学习热情、学习兴趣，引导学生自觉运用所学的理论、原理和规律，能够分析自己遇到的一些问题，引发自身的思考，形成一定的结论，达到一定的效果，从而体现理论的说服力和感召力。隐性教育和显性教育是教育过程中通常采取的基本教学方法。

（三）教学改革转向

从系统论视域来看，思想政治理论课的教学改革涉及教学的整体环节，如教学主体、教学空间、教学内容、教学方式、教学过程、教学环境、教学评价、教学监督、教学反思等诸多要素，将这些要素有机整合才能形成一个高效的教学过程。现在大学生群体已经进入到"00后"阶段，要增强思想政治理论课的时效性、针对性和感染力，就必须从总体上对课程进行全面整合。因此，专题任务驱动教学模式的改革是在系统论的理论指导下，通过价值观引领、情感塑造，实现教材体系向教学体系的转化、理论体系向知识体系的转化、认知体系向实践体系的转化，充分发挥教师与学生两个主体的个体能力，展现研究与知识的结合、理论与实践的结合、成长与成才的统一，建构一整套教师满意、学生受益、社会认可、育人效果明显的思想政治理论课系统化教学改革。

　　思政课的教材体系是教学的一个基本遵循，根据五门课程各自的性质和学科分类，对各自的教学内容、教学结构、教学逻辑等都做了总体的安排和设计，但是由教材体系向教学体系转化则需要教师有一个自我消化吸收的过程，按照"依据教材又脱离教材"原则，对本门课程的内容、知识、框架等进行重新梳理归纳，以难点重点问题为依托重新归纳讲授的各个专题，各专题再形成各自的任务让学生们深入分析相关的问题、社会热点或是国际事件等。这就对教师提出了更高的要求，教师要具备扎实的理论功底，又要增强知识的融合性和丰富性，更需要掌握和了解学生的思想动态；在完全将知识体系融会贯通，把握住教学体系的总体框架、内在逻辑、发展脉络和核心内涵等方面的基础上，提升思政课教学的问题意识、实践意识和贯通能力，促进教学过程中课堂讲授与实践活动相结合。问题分析与教师引导相结合、学生主体与教师辅导相结合。因此，形成了包含吃透教材、摸清教学内容、设定专题、设计活动主题、整合个性化教案、积极采用新媒体手段、深入的教学辅导、精心的师生深层互动等全过程的考评体系和内容合理、项目适当、层级分明、深度参与、活力激发的教学体系。

　　专题任务驱动教学模式就是以专题为基本教学单元，专题设计要以教材为核心进行专题教学的整合与重构，能否取得实效完全要看专题的学理性、科学性、现实性与针对性。根据教材设计完整的教学大纲，确定教学的主要内容，依托教材但是要跳出教材对教学体系进行重新梳理，形成全新的教学内容；同时还要注意专题与任务的设定必须与社会现实进行联系、与学生们的关注点紧密结合起来，选取现实中比较新颖前卫、迫切需要解决的现实问题和新的动向为鲜活的背景材料，来讲清楚马克思主义的基本理论、基本方法和原理，讲明白中国特色社会主义理论体系的基本原理和主要观点，讲透彻习近平新时代中国特色社会主义的基本观点、基本思想和主要方法；要利用课程的主要内容梳理出各知识点的方法论，厘清课程重点、难点与社会上的热点问题的关联度，主要解决学生们在实际生活中的理论困惑、掌握解决问题的思路、视角与方法，以提高思政课的现实指导性、提升课程的实质性为根本遵循。在对教材内容进行整合时要以课程的核心内容、主要观点和根本规律等为首选，凝练其中的精华，达到学得精、用得对、有实效的目的，这样才能真正实现理论"三进"的目标，才能让理论落地、落实，这就是思政课要努力达到的教学目标。

三、专题任务驱动教学法的特征

专题任务驱动教学模式就是要将本门学科的教学内容高度浓缩、高度概括和深化，对本门学科全面系统的了解，掌握本门课程的所有理论和基本原理，从总体上把握好所有专题设计在本门课程中的地位和所承担的作用，在此基础上讲好、讲活、讲精设计专题的基本理论以及与此相关的基本知识，讲清楚各专题相互之间的关系和逻辑脉络，结合各个专题给学生设定的任务，是对各个专题深入理解后的针对性设计。专题任务驱动在总体设计上就需要一些鲜明的特征，从而突出它教学方式的特色。

（一）思想性

习近平总书记提出，"推动思想政治理论课改革创新，不断增强思政课的思想性、理论性和亲和力、针对性"。① 因此，思政课第一位的就是思想性，这也是对我们教学改革提出首要的规范性要求，专题任务驱动教学方法就是要突出思想性。专题任务驱动教学方法就是保证思政课有思想、有内涵、有深度，引导学生树立正确的世界观、人生观和价值观，解决好学生们的理想信念问题，教会学生们科学思想、历史逻辑和辩证思维，培养学生们成人成才，使学生们终身受益。

思政课针对大学生关心的一些社会热点问题、重大现实问题和思想上的困惑，运用马克思主义原理和方法进行理论分析，能够做出科学的分析并得出客观的结论。在遵循学生成长成才规律基础上，理论性就使思政课

---

① 习近平：用新时代中国特色社会主义思想铸魂育人 贯彻党的教育方针落实立德树人根本任务，（2019-3-19）［2022-2-18］。

具有了强大的内在逻辑力量和理论的引导力，使学生既能够"知其然"，更能够"知其所以然"，通过透彻的理论阐释和方法分析，引导学生的思维不断升级，由事物表面深入到事物内部和本质层面，在主动思考和辨别中提升理论解释力、价值判断力，在学理层面完成马克思主义理论的建构。《马克思主义基本原理》既要讲清楚马克思主义基本原理都是什么，也要讲清楚马克思主义为什么是对的，讲清楚在实际生活中如何运用马克思主义的原理、规律和方法，学会运用马克思主义辩证方法、唯物主义原则去改造自我的主观世界。《毛泽东思想和中国特色社会主义理论体系概论》要讲清楚马克思主义中国化的理论成果和三次飞跃，讲清楚马克思主义中国化的内在逻辑和思想精髓，解释清楚马克思主义中国化的历史必然性和内在规律性。《中国近现代史纲要》要讲清楚党史、新中国史、改革开放史，讲清楚近现代以来中国历史发展的内在逻辑，利用大量的历史文献、客观数据和典型人物、事件等，引导学生们树立大历史观，让"四个自信"武装学生头脑，扎根在学生思想深处、心灵深处。《思想道德与法治》要讲清楚社会主义核心价值观的基本内容，讲清楚三个层面的逻辑关系，从学理上比较社会主义核心价值观与西方价值观的本质区别，讲清楚社会主义法治的基本内容，引导学生树立正确的价值观、法治观。

思政课虽然具有鲜明的政治性，但是其教学内容不是政治口号，而是一种科学理论，思想性是思政课的基本特征，思政课具有自身的学术内涵和理论感染力。思政课的主体内容是以马克思主义为指导的，马克思主义兼具价值性和科学性，其理论体系具有严密的逻辑性，是思政课的"灵魂"，用透彻的学理分析来回应青年学生的迫切需要，以彻底的思想理论说服学生，用科学的方法论指导学生实践。

（二）开放性

专题任务驱动教学法一旦形成就具有相对稳定性，但思政课是一个内容丰富、体系庞大的系统，既包含着历史巨变、国家发展的宏大叙事，也具有社会事件、百姓生活的人文色彩，因此这种教学模式也是一种开放的系统，用理论的深度、生活的温度、技术的高度阐释一个完整的思政课。

专题任务驱动教学法不是一个封闭的、孤立的系统，而是一个开放的、动态的教学体系，随着教学实践、学生关注度等不断发展和完善，不断调整专题内容和增加任务形式，不断增添新的因素，为教学方法的创新和可持续发展提供新的动力。美国著名学者罗杰斯曾说："思想政治教育是灵活的，在概念、信念、知觉和假设中是敞开的。对其中的模糊性，它是宽容的，是允许它如其存在那样的。它故而具有接受许多矛盾的信息而不拒之于经验之外的可能性。在这一过程中，我们感受精神振奋，更加自由开放，更能接受自己和他人，同时由于我们努力去理解和接受，因此也乐于倾听新思想了。"[1] 由此可以得出，专题任务驱动教学法在进行总体教学设计和课程规划时，首先考虑的要素就是教学理念和教学思想必须开放。任何一种教学模式都不是在一种教学思想和教学理念的指导下形成的，必须要兼收并蓄、海纳百川，凡是对课程本身来说能够提升教学效果，对教学运行能够顺利开展有益，能够提升学生参与度的都可以吸收和借鉴。传统的教学理念主要是从基础知识的传授和应试教育的思路出发组织教学，往往忽视了学生的创新性思维的培养，这种重知识轻实践、重理论轻能力的教学必然导致学生的片面发展和部分能力的缺失。在进入新时代的今天，信息化已经成为主流，如何有效地将学生从网络碎片化思维和片段化知识学习中拉回到现实，就需要教师在注重知识传授的同时，也要培养学生的创造性精神、科学性思维。通过专题的重组，将知识有效衔接，再辅以任务的设定，让学生们在学习知识的同时积极开动脑筋，在深入思考、不断辩论中激发学生们的创造性、科学性和逻辑性思维，有效将知识传授、能力培养、情感养成、价值观塑造有机结合。

专题任务驱动教学法将教学内容和教学过程由教材向教材体系以外的内容拓展，思政课每门课程都有自己的特点和独特的教学内容，但也存在

---

① 卡尔·罗杰斯，洪丕熙：走向创造力的理论，外国教育资料，1984 年第 3 期，第 21-28 页。

着相同的地方，而且每门课程都有各章节之间的衔接，因此需要我们打破惯性思维和教材体系的束缚，将教学内容与时代需要、社会现实、学生需求等有机结合。教学内容的素材尽量从学生身边、从日常生活中选取，坚持生活化、现实化，将教学内容放在一个开放的教学环境中，让纯粹的理论内容转变以多重方式展现，让学生们在开放的课堂中能够自由发挥思想的想象力、创造性思维，不断迸发新的思路。教师既要充分尊重学生们个性，给学生自由的发挥空间，同时也要做好引导、疏导和提升的工作，实现各方面能力和素质的提升。

（三）针对性

推进思政课教学改革创新，就是要不断完善思政课课程体系建设，专题任务驱动教学法的使用就是要切实增强思政课教学的现实针对性。中共中央宣传部、教育部《关于进一步加强和改进高等学校思想政治理论课的意见》指出："科学的课程设置是加强和改进思想政治理论课教育教学的基本环节。高等学校思想政治理论课课程设置，要体现马克思主义与时俱进的理论品格，更好地适应时代发展的要求；要突出重点，更好地吸收理论和实践发展的最新成果；有利于更好地用马克思主义理论武装大学生头脑。"中共中央办公厅《关于加强新时代马克思主义学院建设的意见》指出："大力推进思想政治理论课改革创新，在政治引导、学理阐释和价值塑造上下功夫，提升教学实效。强化课程体系和教材体系建设，将党的理论创新成果全面贯穿、有机融入各门课程，切实提升教材的政治性、时代性、科学性、可读性。"完善思政课课程体系建设，就是要充实思政课教学内容，整合思政课的内在结构。通过充实教学内容，完善课程设置，形成结构合理、功能互补、相对稳定的课程体系。高校思政课要与中小学思政课相衔接，与大学生思想发展特点相适应、与高效专业课程相协调，不断增强思政课的现实针对性。

专题任务驱动教学法的使用和创新，就是针对学生培养的目标从实际出发，就教学过程中遇到的具体问题进行有针对性的分析和解决。现在的大学生大多都是"零零后",是伴随着互联网成长起来的一代,更是在国家强大、家庭富裕的环境下长大的一代,具有明显的互联网思维和社会优越感,思想状态也发生了很大的变化。大学生在生理和心理逐渐成熟的过程中,人生观、世界观和价值观逐渐确立,对事物也都有着自己的独到的看法和见解,自我意识比较强烈,但是总体上还没有完全定型,容易受到周围环境的影响。因此,在教学开展过程中,针对不同群体、不同层次、不同年纪的学生,教师开展任务设计也应与学生专业相联系,进行有效的引导和教育。专题任务驱动教学法的使用,可以有效解决教学内容趋同的问题,在思政课大中小一贯制的教学实践中,规避中学已经讲过的内容、淡化学生容易掌握的内容,以专题的形式进行重新组合,突出高校思政课的高阶性、创新性,强化大学的理论性、学理性。以专题形式呈现,以课程难重点为贯穿,以教学内容为核心,以任务达成为延伸,紧扣时代主题,把握学生关心的热点、难点问题,将反映时代特点和要求的内容充实到教学内容中,引导学生运用所学知识对问题进行分析、阐释和解决,达成思政课的教育教学目标。

第二节　专题任务驱动对高校思想政治理论课教学的影响

一、专题任务驱动对思政课教学模式的影响

（一）理念的新发展

教育教学理念是教学改革创新的先导。系统推进高校思政课教学的发展前提就是推进教学理念的新发展,专题任务驱动教学模式的使用就是在理念上实现了一个新的飞跃。

专题任务驱动就是以专题任务的形式呈现教学内容,核心就是以学生的需要为基本导向,满足学生的根本需求,突出以学生为中心,强化对学生尊严的充分肯定、对学生内在潜能的开发和对人道德境界的提升,从而

最大限度地促进学生的全面发展。教学改革的目的就是利用我们的教学过程将教师与学生有机联结为一个整体，将学生的尊严、自由、价值联系起来，不仅要将学生看作教学的对象，还要将他们看作是教学的参与者、教学活动的主体、教学任务的完成者、教学效果的评价者，学生承担着多个角色和多项任务，充分发挥了他们的主体性，促进学生的价值的实现、人生意义的追寻、自我情感的形塑。专题任务驱动教学方法的形成，就是本着对人内在潜能的开发和使用，必须紧紧围绕为了学生的一切、一切为了学生，充分尊重学生的根本利益，通过系统的教学过程为学生们提供平等的机会与平台，为学生们自由展示自我和呈现自我创造环境，极大发掘学生的创造性潜能，最大限度调动他们的主观能动性。教师要为社会主义培养合格的社会主义建设者和坚定的接班人，就要求高校的思政课改革必须围绕着塑造人、发展人展开，以学生的道德境界提升、精神境界升华为目标。大学生是国家的栋梁、社会的希望、民族的未来，他们的能力素质如何将直接决定着我们国家的前途和民族的命运，直接决定着中华民族伟大复兴的目标能否实现，我们的教学方式的革新就是要以马克思主义理论来武装大学生头脑、指导大学生生活实践，最终实现道德境界和精神境界的极大提升，促进大学生的全面发展。

进入新时代，我们党不忘初心使命，不断深化执政理念和发展理念，高校思政课教学始终以促进学生的全面发展为目的，以人的协调发展为核心，着眼于学生的思想道德素质的整体提升和精神境界的极大提高，注重学生的内在能力和素质的充分发展，增加学生的社会经验，适度突出学生自我个性的发挥，不断推进学生的全面进步，引导大学生追求人生的幸福和人格的完善，最终的标准是对社会的贡献。在发展基础上，确立五育并举的教学理念。五育并举的教学理念要求高校思想政治理论课教学不仅要关注大学生思想道德素质的培育，更要注重学生非智力方面素养的培养，也要关注学生社会经验能力和多种意识的培育，如终生学习的观念、整体劳动观、体育素质的提升等方面。五育并举，德育为先。这就是说，对学生们进行思想道德理论方面素养的教育，引导学生们牢固掌握思想道德素质的基本知识和基本原理，思政课教学必须加大知识传授、完备科学信息，注重用真理的力量感染人、鼓舞人、武装人和打动人，以科学的力量征服人；思政课教学内容的不断更新，理论体系的不断丰富，增强了理论的彻底性，引导学生牢固掌握马克思主义的世界观和方法论，不断引入新的教学理念和教学模式，更新教学方法，达到学生们掌握理论、运用理论指导实践的实际效果。

（二）创新的新突破

习近平总书记在全国教育大会上明确指出，教育要"遵循教育规律，坚持改革创新"。现代社会的开放性、竞争性和发展性，客观地、逻辑地提出了思政课教学的创新性发展问题，教师与学生的自主性、能动性和选择性意识不断增强，为我们进行思政课创新提供了主客观的条件。思政课就不能像过去那样只注重传达知识、解释、认识和理论，必须加强马克思主义理论的能力培养，结合时代、社会发展实际和思政课的创新发展需要，以专题任务驱动的形式对思政课原有模式进行突破。

思政课创新的突破，不仅表现在过程中的理论与实际的高度契合，还表现为思想与行动的协调一致，突出思政课的思想性富于创造性，在结果上有效调动教师和学生的积极性、主动性，最大限度地发挥教师和学生的潜能和人力资本。专题任务驱动的教学模式就是从这个根本原则出发，充分尊重了两个主体的作用，注重发挥主体与主导的两个优势，教学目标的设定是要完成多个能力的塑造，因此，创新的突破就体现在教学对象的心理、思想、行为和修为等各方面，实现知、情、意、行等方面的协调发展，从而达成教学目标。在全球多元化、文化多样化、价值多元化的总体背景下，要想避免单方面的传输或是灌输，不能仅仅依靠教师的单向传授而实现教学目标，需要以教学目标达成为宗旨，通过多学科内容的吸收和借鉴丰富思政课教学的创新思路，多角度、多维度地创新思政课，提升思政课的教学感染力、亲和力和针对性。

"教师承担着传播知识、传播思想、传播真理的历史使命，肩负着塑造灵魂、塑造生命、塑造人的时代重任，是教育发展的第一资源。"① 高校思政课的创新，教师是主要实施者、创作者和操作者，因此，师资队伍的理念创新、教学理念的更新是思政课务求实效的根源。习近平总书记指出："我们必须把创新作为引领发展的第一动力，把人才作为支撑发展的第一资源。"② 思政课创新突破需要教师发挥主力军的作用，如果教师缺乏对思政课的深刻认识和持续创新的动力，则思政课彻底的改变就无法实现。提升教师对思政课创新发展的政治站位，破除教师在教学模式创新上的羁绊，积极引入旨在提高教学效果的多种方式，这些都依赖于教师根本观念的改变，需要教师积极投身到思政课创新的洪流之中。"教育者先受教"是实现改变的前提。"要坚持教育者先受教育，让教师更好担当起学生健康成长指导者和引路人的责任。"③ 教师队伍理念的改变、教学能力的提升、科研成果的转化和运用、教学科研的相互支撑，这些是保证我们专题任务驱动教学模式创新的主要因素，也是提升教学实效性的根本保障。将学生需要和社会发展有机统一，面对时代的发展，教师和学生同样面临着巨大的改变，通过共同成长实现各自提升是我们思政课的使命和担当。

（三）改革的多维度

思政课在改革思路上必须坚持多维并举，实现横向互动，坚持理论联系实际、实践检验真理的标准，坚持用发展的眼光来看待思政课改革，坚持效果和评价相结合的办法来衡量思政课改革的实效性。"我们绝不把马克思的理论看作是某种一成不变的和神圣不可侵犯的东西；恰恰相反，我们深信：它只是给一种科学奠定了基础，社会党人如果不愿意落后于实际

---

① 中共中央国务院关于全面深化新时代教师队伍建设改革的意见，人民出版社，2018，第 2 页。
② 习近平：习近平谈治国理政（第二卷），外文出版社，2017，第 198 页。
③ 习近平：《在北京大学师生座谈会上的讲话》，《人民日报》，2018 年 5 月 3 日第 2 版。

生活，就应当在各方面把这门科学推向前进。"① 列宁的话强调的是理论带给我们的巨大改变，思政课的改革也必须依据现实生活，增强理论对现实问题的阐释力，根据现实的需要推动理论的向前发展，同时在多元价值中确立社会主义核心价值观的主导地位，给思政课改革提供多维度参考。

思政课首先是政治课，具有鲜明的政治性，思政课改革必须突出政治引领，坚定政治意识，把握政治方向，树立阵地意识，坚持问题导向，保持政治维度是思政课改革的指针。专题任务驱动教学模式改革就是在政治方向上引导学生利用理论强化政治敏锐性，以问题来做任务，突出价值引领。思政课承担着用马克思主义理论武装大学生头脑的重要使命，用马克思主义中国化最新成果强化责任的战略任务，这也就决定了思政课改革必须以科学化的理论体系为核心，突出鲜明的政治属性，紧跟党的理论创新步伐，实现理论和实践创新最新需求。思政课改革必须高举中国特色社会主义理论的伟大旗帜，充分展现马克思主义中国化的最新理论成果，以习近平新时代中国特色社会主义思想为指导，学习贯彻和深刻领会十九大精神、十九届六中全会精神，增强课程的理论性，强化课程的针对性和创新性。

思政课改革的育人维度。立德树人是教育教学的根本任务，也是思政课改革的根本目标，这体现了新时代教育规律和教学本质，丰富了我们党关于教育的重要内涵。习近平总书记在北京大学师生座谈会上再次强调："要把立德树人的成效作为检验学校一切工作的根本标准，真正做到以文化人、以德育人，不断提高学生思想水平、政治觉悟、道德品质、文化素养，做到明大德、守公德、严私德。"② 因此，思政课改革必须牢牢把握立德树人的根本任务和最终目标，把握其在教育工作中的重要地位和重大战略意义。育人目标的实现不能只靠理论的学习，而是要通过教育引导、舆

---

① 列宁：列宁选集（第一卷），人民出版社，1995，第 274 页。
② 习近平：《在北京大学师生座谈会上的讲话》，《人民日报》，2018 年 5 月 3 日第 2 版。

论宣传、文化熏陶、实践养成、制度保障等诸多手段综合作用，实现理论学习全覆盖、政策宣讲全方位、文化渗透全融入。专题任务驱动教学模式的改革就是紧紧围绕育人目标，通过课程体系建构突出理论逻辑体系，强化问题意识，用任务来引导学生感受理论创新带给国家、社会、个人的切实改变，利用马克思主义方法论和辩证思维正确分析社会现象、国际问题，从而打通理论与现实的边界，进而将理论深化、实践分析、文化认同、制度自信等完美结合。

思政课改革的主体维度。改革必须依靠学生，以围绕学生、服务学生、关照学生，以塑造学生为中心，以学生主体地位的创新作为思政课改革的必然导向，强化学生的主体地位，坚持一切为了学生的根本利益而进行的改革举措才能是卓有成效的。专题任务驱动教学模式的创新就是在改革中不断提升学生的自主性，教师主导、学生主体双向互动的模式提升教学效果，学生在教师的指导下主动学、自我分析，由大水漫灌向精准滴灌的模式转变。通过这种教学模式改革，让学生以各种任务形式参与到教学中来，积极培育学生的自我意思、自主能力、自主习惯，成为一个具有完全主体型人格的人，具备自我分辨、自我提升、自我纠偏、自我修复的能力。教师转变为指导者、组织者、支持者、引导者、帮助者和总结者，学生真正成为学习的主人、教学的主体，学生不再仅仅作为参与者而存在，教师也不是知识的包办者。利用专题进行理论学习和理论深化，通过任务使学生自然而然利用所学知识发现问题、分析问题、解决问题，以真实问题为背景，创设真实场景、还原事件真相，在解决实际问题过程中利用各种信息，分析各种因素，回归问题本质，从而实现能力的跃升。

思政课改革的文化维度。将中华优秀传统文化和中国精神融入思政课体系之中，这是改革的应有之义。中华优秀传统文化是具有深厚文化底蕴的，是中华民族之根；中国精神是具有丰富历史内涵的，是中华民族之魂，二者相互结合形成了中华文化的根脉。我们将其继承并发展壮大，使之与新时代的社会实践有机结合形成了强大的文化内驱力。"无产阶级文化并不是从天上掉下来的，也不是那些自命为无产阶级文化专家的人杜撰出来的……无产阶级文化应当是人类在资本主义社会、地主社会和官僚社会压迫下创造出来的全部知识合乎规律的发展。"① "文化自信，是一个国家、民族、政党对自身文化价值的充分肯定，对自身文化生命力的坚定信念。坚定文化自信，是事关国运兴衰、事关文化安全、事关民族精神独立的大问题。坚定文化自信，充分体现了中国共产党高度的文化自觉和文化担当，凸显出中国特色社会主义的文化根基、文化价值和文化理想。"② 专题任务驱动教学模式集中将中华文化和中国精神内容作为专题内容，从中吸收其精华作为专题题目引起学生们的关注和探索学习的兴趣，设定与其相关的任务让学生们自觉挖掘深层文化基因，自发形成文化认同、文化自信。

思政课改革的实践维度。课程改革必须将理论联系实际，以事实为依据，以规律和方法为准绳，凸显问题意识，强化理论的吸收和应用，以习近平新时代中国特色社会主义思想为指引，对现实问题、社会现象、国际问题做出科学的认定和时代的回应。中国特色社会主义进入新时代，从奋斗目标上正在无限接近中华民族伟大复兴的时刻；在深化改革上，正在实现既充分发展又保持公平正义的目标；在生产关系上，正在实现共同富裕的目标；在国家治理上，正在走向治理能力现代化的阶段；在文化建设上，正在走向文化认同、文化自觉和文化自信；在国际地位上，正在由世界大国走向"世界强国"。思政课改革要充分体现理论与实践的结合，突出问题导向和问题意识，以马克思主义中国化最新成果阐释现实问题。思政课改革要具有发展性的视角和整体性的思维，要对整个思政课目标的达成进行合理布局和统筹规划。专题任务驱动教学模式就是对整个课程体系进行重新细分和内容统筹，使每个专题在每门课程上形成一个逻辑系统，

---

① 列宁：列宁选集（第一卷），人民出版社，1995，第285页。
② 习近平新时代中国特色社会主义思想基本问题，人民出版社，中共中央党校出版社，2020。

将任务内容形成一个完整的目标任务链条，从而使思政课在大中小一体化中实现有效衔接。在思政课教学改革实践中，要运用整体思维和系统逻辑体系，通过课程体系的优化重构和教学体系的融合使思想政治教育各个系统能够协调运转、协同创新，发挥整体效益，形成协同育人的合力。

（四）体系的立体化

教育部等八部门联合印发了《关于加快构建高校思想政治工作体系的意见》，要求办好思想政治理论课。按照"八个相统一"要求，扎实推进思想政治理论课建设思路创先、师资创优、教材创优、教法创优、机制创优、环境创优。同时将新媒体技术引入思想政治理论课教学之中，打造高校思想政治理论课资源平台和网络集体备课平台，因此形成了思想政治理论课教学体系、课程体系、平台体系和线上线下的立体化配合，打造了全网络、全平台和全覆盖的思政课育人体系。

中宣部、教育部制定并印发的《关于进一步加强和改进高等学校思想政治理论课的意见》和实施方案中，构建了全新的课程体系。方案中，高校本科层次思想政治理论课设置有"马克思主义基本原理"（原理课）、"毛泽东思想和中国特色社会主义理论体系概论"（概论课）、"中国近现代史纲要"（纲要课）、"思想道德与法治"（基础课）、"形势与政策"（必修课）；硕士阶段开设"新时代中国特色社会主义理论与实践"、"马克思主义与社会科学方法论"（文科选修）、"自然辩证法"（理科选修）等课程；博士阶段开设"中国马克思主义与当代"、"马克思恩格斯列宁经典著作选读"（选修）；全国重点马克思主义学院率先全面开设"习近平新时代中国特色社会主义思想概论"课程。全国各高校围绕习近平新时代中国特色社会主义思想，党史、国史、改革开放史、社会主义发展史，宪法法律，中华优秀传统文化等设定通识课模块，开设系列选择性必修课程，形成以习近平新时代中国特色社会主义思想为核心内容的思想政治理论课课程体系。思想政治理论课课程体系建设体现了时代性、权威性、理论性、系统性和科学性，较好地解决了过去思想政治理论课课程门数多、总学时多、知识体系散的问题，整合之后取得了较好的教学效果。

课程体系的设计上体现了统筹兼顾、各有侧重、相互补充的特点。原理课是基础，概论课是核心，纲要课是主线，基础课是落脚点，形成了立体化的课程体系。在新课程体系框架内，每门课程都是课程体系的有机构成部分，既充分发挥了自身的教育功能，又凸显了课程体系相互补充的整体功能。原理课侧重于开展马克思主义立场、观点、原理、规律和方法论教育；概论课侧重于开展党的基本理论、基本观点、基本路线、基本纲领和基本经验的教育；纲要课侧重于开展中国革命、建设和改革开放的历史教育；基础课则是联系改革开放和社会主义现代化建设的实际，联系大学生思想实际，联系国内外形势的发展，立足于帮助大学生树立正确的价值观、人生观和世界观及道德观、法制观，以理想信念教育为中心，以爱国主义教育为核心，以大学生全面发展为总目标，培养德智体美劳全面发展的社会主义建设者和接班人。

教学体系的层次性体现出教学内容的立体差异性。在整个教学体系中呈现出不同的相互关系，从而形成一定的层次性，具体表现为体系内部结构的合理性和内容的衔接性，这就给专题任务驱动教学改革留出了充足的空间。马克思主义基本原理不仅是思想政治理论课的理论基石，而且内在规定着思想政治理论课建设和发展，其理论精髓始终指导和贯穿着其他思想政治理论课课程。整个教学体系以马克思主义理论学科为依托，自觉地按照科学性规律和学科性规律，对马克思主义理论三个组成部分进行了科学的整合，形成了一个有机统一的整体理论体系，在教学体系中居于最高层面。"中国近现代史纲要"与"毛泽东思想和中国特色社会主义理论体系概论"课程，通过史论结合的方式，从不同视角对教学内容进行阐发。中国共产党百年奋斗历程，就是马克思主义中国化的历史，是讲马克思主义基本理论与中国革命、建设、改革的实践相结合的过程，不断进行理论创新，开创马克思主义中国化发展的新境界，呈现历史必然性和历史规律性的过程。马克思主义中国化理论成果就是毛泽东思想、邓小平理论、

"三个代表"重要思想、科学发展观、习近平新时代中国特色社会主义思想，都是对马克思主义基本原理的发展和深化，是与马克思主义一脉相承的理论体系。通过史论结合的方式阐释基本原理的发展，以不同视角阐明马克思主义中国化的历史必然性、历史过程和重大的理论贡献，在整个教学体系中居于中心层。"思想道德与法治""形势与政策"课程，就是运用马克思主义基本原理认识和改造世界，是整个教学体系的承载层和落脚点。基本原理的运用，主要是指运用马克思主义基本原理来认识世界和改造世界的过程，加强自我思想道德修养和法律修养，促进大学生全面发展，体现思想政治理论课的根本目的。

二、专题任务驱动对思政课教学能力的改变

习近平总书记强调："做好思想政治工作，要因事而化、因时而进、因势而新。"① 面对复杂的国情、世情、民情、党情的新变化，加之大学生成长环境的改变和思想观念的新情况，思想政治理论课教师就要与时俱进，不断提升教学能力，提高教学水平，丰富教学内容。

（一）认知能力

"思想政治理论课教师的性质，决定了教师第一位的要求就是在政治信仰上要旗帜鲜明，要坚定共产主义远大理想和中国特色社会主义共同理想，坚定中国特色社会主义道路自信、理论自信、制度自信、文化自信。"② 思想政治理论课教师的言传身教对学生的世界观、人生观、价值观形成具有重要的导向作用。"坚持以马克思主义为指导，最终要落实到怎么用上来。'凡贵通者，贵其能用之也。'马克思主义具有与时俱进的理论品质。新形势下，坚持马克思主义，最重要的是坚持马克思主义基本原理

---

① 习近平：习近平谈治国理政（第二卷），外文出版社，2017，第 377 页。
② 王炳林：教师是上好思想政治理论课的关键所在，思想理论教育导刊，2017 年第 1 期，第 14-18 页。

并贯穿其中的立场、观点、方法。这是马克思主义的精髓和活的灵魂。"①教师只有具备了坚定的理想信念和正确的价值认知，才会热爱现有工作，将工作当作事业来经营，在教学中才会全情付出，努力进行教学能力提升，改进教学方法，更新教学内容，为学生从各个视角答疑解惑，提升思想政治理论课的教学效果。专题任务驱动教学模式的实行就对教师的教学能力提出了更高的要求，专题的设计、专题的内容、专题的逻辑等都需要教师投入大量的时间和精力，如何将专题与教学相统一、专题与教材相统一、专题与学生的兴趣相统一，都需要教师贡献更多的智慧；任务的设定，内容的选取，考查知识点等都需要进行反复的比较，最终形成一个相互贯通的任务体系，每个任务点都需要学生深入课堂、深入实际、深入社会进行多方的调研、思考、商讨才能得出一定的结论，这对教师如何引导好学生提出更高教学能力的要求。

思政课教师的认知能力是建立在对教学目标、教学任务、教学方法、学生特点、成长规律、学情分析、教学情境的判断能力科学预判的基础之上的，具体表现在对教学大纲的把握程度、对教材体系的分析处理方式、对教学内容的取舍力、对教学过程的设计等方面。思政课教师需要以教材为蓝本开展教学，针对教学大纲设计教学环节，把握教学的难重点，吃透教材的知识点、章节内容，搭建出整体的知识框架体系，把握教材体系向教学体系转化的方式，选择适合的教学模式，制定出切实可行的教学方案。专题任务驱动的教学模式就是在要求教师具备基本教学认知能力的前提下，再从整体知识体系上、实施方式细节上、师生双向互动上对教师提出了更高的要求，这也是对教师认知能力的更高考验。习近平总书记在学校思想政治理论课教师座谈会上指出思想政治理论课教师要做到"六个要"，其中"视野要广，有知识视野、国际视野、历史视野，要通过生动、

---

① 习近平：在哲学社会科学工作座谈会上的讲话，人民出版社，2016，第13页。

深入、具体的纵横比较,把一些道理讲明白、讲清楚"① 就是对教师教学认知能力提出的要求。教学认知能力就是要教师针对教学目标进行总体规划设计,细化教学的具体内容和每堂课的讲授方法。课堂教学的精准就需要教学目标的设定具体到每一次课,细化到知识点的掌握程度,准确到任务的完成与知识点的匹配度。专题的设计与任务的内容还要考虑学生的理解程度、接受能力和感兴趣的程度,进行教学内容的重组、教学任务的设计、教学方法的选取、任务达成的不同方式等。教师的认知水平的提升,还体现在教学专题的不断更新、教学内容的增加、教学任务的与时俱进,我们的专题与任务可以对社会热点问题专门进行研讨学习。认知能力提升也包含着对学习特点、性格特点、知识结构、思想水平、情感需求、获取渠道等方面有全面的了解和掌握,只有这样才能全面系统分析并总结出相应的教学方式,采取适合的教学方法,提高学生学习的兴趣,让学生在学习中感受快乐、增强学习的获得感。

(二)设计能力

教学设计就是要运用综合分析能力、统筹能力去整合各种资源,科学安排教学顺序、打通教师与学生的联系环节,让学生能够更好地接受知识的过程。因此,对教师而言,教学设计主要解决教学对象是谁、教学形式是什么、教什么内容的问题,这就是教学设计的核心,而对教学内容、教学过程的精心谋划、具体安排,是教师核心能力的体现。

从教学目标上来看,思政课教师在设计教学目标时,要综合考量知识目标、情感目标、价值目标等方面,将短期目标和长远目标相结合,将教学目标细化到每一节课。知识目标的达成主要通过专题内容的学习,强化基本知识、基本理论、基本方法的学习,重在吸收、强在融会贯通,形成完整的知识体系,能够实现触类旁通的效果。情感目标和价值目标的实现则是一个长期过程,是在课程讲授中将学生能力和素质综合的结果,任务

---

① 习近平:用新时代中国特色社会主义思想铸魂育人 贯彻党的教育方针落实立德树人根本任务,(2019-3-19)[2022-2-18]。

的设定就是在让学生在掌握基本知识的基础上，尊重学生的个性和独特性，提倡学生个性化发展，将知识掌握与方法运用进行有机结合，将学生的特点、特长转化为学生成长的优势，增强学生的参与度，提升学生的学习热情，强化学生的动手动脑能力。在知识与任务的双重驱动下，学生的各项能力得到提升。思政课教学目标的实现就是一个自然而然的过程，不是一个单向传授过程，而是一个双向或是多向互动作用的过程。

从教学内容上看，思政课教师要认真研读教材、分析教材，合理选取相关内容、设计相应专题，有效组织教学、合理分配任务，注重教师的整体协调、教学的言语表达和合理输出、教学环节上的逻辑性，即注重教学细节的处理和总体谋划的实现。思政课教师不仅要对本门课程的知识结构、教学内容有具体的掌握，还要对总体五门课程有详细的把握，既要了解教材内容和重点难点的分布情况，也要更新的教学内容、剔除相对陈旧的知识内容，更需要结合教学的目标补充学生关心关注的社会问题、时事政治话题，了解学生的关注点和存在的问题，通过任务的完成了解掌握学生的学习习惯、学习障碍、阐释问题的准确度、分析问题的达成度等，适时调整教学方法或是引导学生采取正确的方法完成任务。根据学生们的整体反馈、与学生交流的反馈、学生们任务完成的过程或得出的结论等方面，适度调整教学方向，增加教学内容，增强教材的时代性，注重知识传授的层次性、知识体系的逻辑性，专题与任务的匹配度等。在教学任务驱动中设计更为贴近现实、贴近实际、贴近生活的方案，选取更具有操作性、实践性、辩论性的环节和设计，在理论与实践联系方面更加有效、更易操作。

从教学方法上看，思政课教师为实现教学目标、完成教学任务，采取了不同形式教学技巧、策略方法和教学组织。专题内容主要以灌输式教学来呈现，具体的方式方法则以内容为指引，主张效果，突出基本理论的掌握。任务驱动则是以讨论式、参与式、互动式等多种形式来实施，积极调动学生配合和参与，兼顾学生的主体性和主动性，将教学方法的综合运用重点放在学生基础知识的掌握力、学生观察能力、分析能力和创造能力的提升上，实现在教师指导下，学生独立探索知识、获取方法、创新能力等方面都有极大提高。综合大学生成长的环境以及对于现代化、网络化的手段较易接受、便于上手等特点，积极采用现代化的教学手段，配合教学目标的实现，将教学内容利用信息化手段呈现，将教学过程变得更加生动、具体、形象和科学，增强思政课的吸引力、感染力和直观性、趣味性。

（三）技术能力

现代信息技术能力是思政课教师开展教学工作的一项必备能力和手段，在当今网络信息时代快速发展和舆论发展快速传播的时代，信息技术能力的高低直接决定着思政课教师教学能力的发挥。随着物联网、区块链的迅速发展，"互联网+"将学习提升到一个全新的层面，教学依靠网络成为一种常态化形式，因此教师的技术能力的提升不断增强着教师的教学水平。习近平总书记指出："互联网是一个社会信息大平台，亿万网民在上面获得信息、交流信息，这会对他们的求知途径、思维方式、价值观念产生重要影响，特别是会对他们对国家、对社会、对工作、对人生的看法产生重要影响。"①"互联网+教学""互联网+学习"等将成为当前和今后一种较为常见的学习方式，思政课的教学在网络上有精品资源开放课程、共享课程、在线开发课程、慕课、微课、主题学习资源网站等教学方式，这也必将成为思政课今后教学改革和创新的一个新动向。

信息技术能力将成为思政课教师的必备能力，也会成为我们教学水平提升的重要载体，如果忽视这项能力，在以后的发展中可能就会被时代所淘汰。思政课教师要善于使用现代信息技术，将传统的思想政治工作与现代新媒体等技术完美结合，推动思想政治工作的时代感染力和群众接受力。首先，思政课教师要具备"互联网+"的思维能力，善于运用现代化信息手段对各种类型的信息进行甄别、筛选、检索、处理和整合，能充分

---

① 习近平：习近平谈治国理政（第二卷），外文出版社，2017，第 355 页。

利用网络引入大量鲜活的实例进行有针对性的分析。在专题任务驱动教学方式中，很多内容就是通过网络平台发布，让学生们自主完成，得出一定的结论或是完成简短的分析报告。让学生也能够在熟悉网络的基础上，学习如何甄别网络中的材料、分析事件的根源、发表自己的论点等，将杂糅的网络信息抽丝剥茧形成正确的认识。其次，思政课教师也必须掌握现代信息技术的应用能力。对多媒体软件的使用、新媒体的利用、融媒体的信息整合等能力，对于一个合格的思政课教师来说是基本配置。现如今教师上课都是使用多媒体授课，智能化教室也在推广使用，这就对教师驾驭多种平台的能力提出了更高的要求。如使用较广的平台就有超星学习通、易班、智慧树等，教师不仅要能够熟练运用这些软件制作相应的教学材料和授课课件，还应该在此基础上不断设计信息化的教学资源，为学生创设兼具知识性、趣味性、多样性的形象化情景，提升课程的感染力。多平台的使用也使原先较为沉闷的教学环境逐渐活泼起来，通过我们设定的任务，学生可以随时与教师留言互动，学生们的"弹幕"也给教师提供更为切实有效的教学参考，利用专题任务让教学活起来、学生动起来，教师的身份实现转化。学生们熟练运用现代化教学平台，增加了学生的到课率、抬头率和参与度，增强了思政课的吸引力。

三、专题任务驱动对思政课教学效果的影响

思政课要从学生们的角度进行教学改革和探索，是否成功的唯一标准就是教学效果的好坏。专题任务驱动教学法的采用，在启发学生、引导学生思考方面起到了良好的效果，做到了守正与创新的相统一，理清了学生的理论困惑，增强了学生的分辨能力。"好的思想政治工作应该像盐，但不能光吃盐，最好的方式是将盐溶解到食物中自然而然的吸收。"[①] 在专题讲解中理论内涵逐渐明晰起来，在任务设置中潜移默化地锻炼了各种能

---

① 沿用好办法 改进老办法 探索新办法 ——三论学习贯彻习近平总书记高校思想政治工作会议讲话，（2016-12-11）［2022-2-20］。

力，在成果分享中润物无声地将正确的理念消化吸收并影响他人，促进学生的品德养成、情感塑造、价值理念的生成，实现了学生的全面发展。

（一）兴趣的激发

学生对于学习兴趣的产生，具有很强的主观能动性，能够激发学生兴趣，产生自主选择学习的行为，是教学效果提升的主要标志。专题任务驱动教学法注重学生自我主动性的培养和提升，激发了学生们的积极性、主动性、创造力，学生们的内驱力显著增强。学生兴趣的培养是一个长期的系统工程，受教师个人魅力、环境因素、教学方式、朋辈感染等因素的影响，在教学中通过各种任务的设计以多种形式让学生完成相应知识的学习，这样学生在学习知识的过程中，也能够感受到文化的熏陶、社会的浸染、环境的浸润，不同学习情境的创设使学生始终保持着学习的新鲜感、神秘感，学习效果自然提升。老师通过课程讲授将学生的日常生活、百姓的柴米油盐和社会发展大势相结合，学生们主动认知的兴趣上来了，在成果分享中积极发言，讲认知、讲体悟、讲收获，结合自身实际将所学知识、任务目标和现实生活融会贯通，学生们能够主动在尊重规律的基础上，积极地将社会发展和自身的责任相结合，提升了责任意识。

（二）知识的融通

任何课程都要给学生教授知识、培育理论思维，如果没有知识作为基础，其他能力的培养都是空中楼阁。思政课要在了解、认同、掌握教学基本内容的基础上，引导学生们产生情感上的共鸣，利用自我的主动性将知识进行融会贯通、转化升级。思政课最终要培养学生具备坚定的理想信念、健全的人格、过硬的能力和高尚的情操。

学生要树立大局意识，塑造政治意识，培养"任它东西南北风，我自岿然不动"的定力。我国正处于并将长期处于社会主义初级阶段，这个最大的国情就决定了我们正面临着日益严峻的国内外局势，各种社会思潮激烈动荡，意识形态的斗争始终存在并有着日趋激烈的态势。通过专题式教学让学生明白学理性的理论基础，通过任务让学生们自主去进行分析，让学生通过成果分享和交流明白青年人的责任和使命，明白该如何对待社会上出现的事件和问题。通过我们引导和启发，学生们保持了较高的政治意识，具备了一定的战略定力，具有一定的政治敏锐性，逐步学会了运用马克思主义的立场、观点和方法去分析问题、解决问题，学会了观察社会，能够客观公正地分析社会的热点问题和自身发展中遇到的问题，能够正确对待个人成长中遇到的障碍，学会不断调试自身以适应环境的变化，在自我能力达到的情况下试着去积极改变周边环境，有着"穷则独善其身、达则兼济天下"的担当。

学生充分掌握和利用校内外、线上线下、网络中的各种资源，综合利用各种平台要素，充分挖掘校园文化，积极参与校内外各种实践活动，利用已经学习的知识分析国家、社会发生的重大事件和热点问题，并且能够揭示现象背后的本质因素，把握具体实践的主要矛盾和矛盾的主要方面，能够找到解决问题的思路和办法。在面对社会热点和舆论事件的各种评价和不同质疑时，学生们能够做到还原事件真相，讲清楚事情发生的前因后果，剖析出各种评论的动因，能够正确认识和评价中国在发展中所出现的一些问题和付出一些代价，爱国主义情怀受到激发，更加坚定了"四个自信"。

（三）价值观的确立

价值观在很大程度上决定了学生要成为什么样的人、具备什么样的素质，但是价值观的形成和确立是一个长期和隐形的过程，是不易被人或自身察觉的，这需要家庭、学校和社会共同作用才能够实现。教师的点滴培养、思想的碰撞、理论的感染、环境的浸染、学识的累积、实践的印证等都是长期的教育和培养过程，学生只有认真、耐心地接受并参与到这个过程中，才能在成长、成才的路上有着更大的收获、更快的成长。

当然，我们无法用确切的数字、数据和尽可能细化的标准去衡量思政课教学效果的好坏，但是我们却可以在与学生的接触中，感受学生们认知世界的水平和态度，感受他们对自身价值的评判和对自我价值实现的路径的认识等，去综合衡量思政课教学对学生们的价值观、人生观、世界观产生什么样的影响和改变。

当今社会中还有一些负面的价值导向给学生们造成了很大的困惑，如巨婴现象、躺平、佛系、丧文化等现象，这些现象表现了一小部分人的生活状态和价值取向，却会给学生树立不完整的价值认知。只有纠正学生在价值选择过程中出现的偏差，才能真正做到尊重学生的差异性，关心学生的切身需求。专题式的知识讲授和实施的任务驱动模式，既有广泛性又有针对性，使学生在充分发挥自我价值的过程中，更加注重社会责任，实现个人的社会价值。

第三章

基于专题任务驱动的思想政治理论课教学模式改革的指导思想和基本原则

在论述基于专题任务驱动思想政治理论课教学模式建构之前，我们应该探讨其指导思想和基本原则。

进入 21 世纪以后，党和国家的高度重视、高校的极度关注、教师的乐为有为、学生的积极作为等多因素作用，使传统教学模式发生蜕变，新型教学模式呼之欲出，这将极大提升高校思想政治理论课教学的时效性。

第一节　专题任务驱动下
高校思想政治理论课教学模式改革的指导思想

专题任务驱动下的高校思想政治理论课教学模式的改革应以坚持党的领导、坚持德育为先、坚持以师生发展为中心的指导思想。

一、坚持党的领导

中国共产党历来高度重视高校思想政治理论课建设工作，特别是党的十八大以来，以习近平同志为核心的党中央全面加强党对教育工作的领导，深刻回答了一系列重大问题，提出了一系列重要论断。2016 年 12 月，在全国高校思想政治工作会议上，习近平同志指明高校的办学方向，"办好我国高等教育，必须坚持党的领导，牢牢掌握党对高校工作的领导权，使高校成为坚持党的领导的坚强阵地"。全国高校思想政治工作会议从加强党对高校的领导的战略高度，研究分析我们应该"办什么样的大学、怎样办大学"的根本问题，深刻剖析高校思想政治工作面临的复杂局面，深刻阐述高校思想政治工作的重要性和紧迫性，全面部署高校思想政治工作的根本任务。十九大以来，以习近平同志为核心的党中央不断增强顶层设计，从全局高度和战略高度对高校思想政治理论课建设工作进行整体谋划，深刻体现了新时代中国共产党对高校思想政治理论课建设的新认识和新思路。2019 年 8 月，《关于深化新时代学校思想政治理论课改革创新的若干意见》，为深化新时代思想政治理论课改革创新提供了具体指引，是新时代中国共产党对思想政治理论课建设发挥全面领导作用的纲领性文献。

在高校思想政治理论课教学模式改革中必须以坚持党的领导为首要指导思想，这关系到高校思想政治理论课教学模式改革的根本政治方向。在高校思想政治理论课教学模式的改革中应如何坚持和加强中国共产党的领导？第一，党的领导为教学模式创新树立政治方向。高校思想政治理论课是落实立德树人教育根本任务的关键课程，是坚持社会主义办学方向、体现社会主义大学本质特征的重要课程，是培养担当民族复兴大任的时代新人、培养德智体美劳全面发展的社会主义合格建设者和可靠接班人的课程，无论如何创新高校思想政治理论课教学模式，都必须树立正确的政治方向。第二，党的领导为教学模式创新提供纪律规范。高校思想政治理论课的特殊性，决定了其教学模式无论如何创新都必须遵循我党基本的政治规范与政治要求，这表现在教学目标的制定、教学内容的整合、教学方法的运用、教学程序的组织、教学评价的构建等各个方面。构建创新教学模式的主体责任人要牢固树立"四个意识"，坚定"四个自信"，坚决做到"两个维护"，不得在构建创新教学模式的任何环节传播与党和国家大政方针路线相悖的言论。

二、坚持德育为先

《春秋·左传·襄公二十四年》中提到"立德"，"太上有立德，其次有立功，其次有立言，虽久不废，此之谓不朽"。人生追求三层目标，首先就是树立道德，其次是建功立业，再次才是著书立说。"立德"居于人生三不朽之首。《管子·权修》中提到"……十年之计，莫如树木；终身之计，莫如树人"。俗语称"十年树木，百年树人"。可见，"立德""树人"是人生追求的核心目标，"立德"是"树人"的重中之重，"树人"是"立德"的价值旨归。①

2019 年学校思想政治理论课教师座谈会上，习近平同志明确指出，"立德树人"是教育的根本任务，思想政治理论课是落实"立德树人"根本任务的关键课程，这一论述明确了思想政治理论课的定位，抓住了思想政治理论课的本质，明晰了思想政治理论课的使命，指明了思想政治理论课的方向。思想政治理论课通过创新教学模式使受教育者掌握马克思主义科学的世界观和方法论，掌握中国共产党的基本理论、基本路线、基本方略，掌握马克思主义中国化的理论成果，尤其是习近平新时代中国特色社会主义思想，引导受教育者增强对新时代中国特色社会主义的理论认同、政治认同和情感认同，牢固树立"四个意识"，坚定"四个自信"，坚决做到"两个维护"，培养德智体美全面发展的中国特色社会主义合格建设者和可靠接班人，培养担当民族复兴大任的时代新人。

在高校思想政治理论课教学模式的改革中应如何坚持德育为先？第一，加强师德建设。习近平总书记在学校思想政治理论课教师座谈会上提出，办好思政课，关键在教师。要打造一支"政治要强、情怀要深、思维要新、视野要广、自律要严、人格要正"的高素质的高校思政课教师队伍。"打铁还需自身硬"，思政课教师自身要正，才能真正做到"以德立学、以德施教"。第二，在教学目标始中贯穿"立德树人"理念。教学目标由知识目标、能力目标、情感目标和价值目标构成，业内会有知识目标与情感价值目标孰重孰轻的讨论，由立德树人的教育根本任务可以看出，

---

① 崔楠等．高校思想政治理论课立德树人路径分析，思想政治教育研究，2021 年第 2 期，第 79 页。

知识目标是基础，情感、价值目标是指向，因此在思政课的教学目标中应以"立德树人"为最终指向。第三，在教学内容中秉承"立德树人"理念。思政课教学过程中知识性内容为基础，但在完成低阶目标的基础上，必须实现高阶目标的转换，真正实现新时代中国特色社会主义的理论认同、政治认同和情感认同，牢固树立"四个意识"，坚定"四个自信"，坚决做到"两个维护"。第四，在教学方法中落实"立德树人"理念。比如随着信息技术的飞速发展，利用互联网不受时空限制的特点和网络教育资源丰富的优点，不断丰富思政课立德树人的方法，拓宽实践教学方式，真正实现"理论与实践"相结合、"请进来与走出去"相结合、"校内与校外"相结合等，切实保证思政小课堂与社会大课堂的有机融合，提高思政课立德树人的时效性。第五，在教学评价中贯彻"立德树人"理念。对学生的学习效果评价，不应仅仅局限于过程性考核中的出勤、课堂互动，也不应局限于期末考核的试卷，应构建科学合理、长期系统的评价指标体系，对每一个学生个体进行评价，衡量这门关键课程是否实现了立德树人的根本任务，是否培养了德智体美全面发展的中国特色社会主义合格建设者和可靠接班人。

三、坚持师生协同发展

传统思政课课堂以教师为主体，教师是课堂的主体、课堂的权威，学生处于被动接受的状态，学生学习的主动性无法发挥，导致教学效果差强人意。为切实提高课堂教学效果、提升思政课的时效性，课堂教学逐渐转变以学生为中心、以学生为主体；但是，无论是单一的"教师"主体论，还是单一的"学生"主体论，与马克思主义的人的全面发展理论都是相悖的，与思想政治教育主体间性理论也是相悖的。

人的全面发展理论认为，"人是一切社会关系的总和"，人的本质属性是社会属性，人是否能够获得全面发展，同他的社会关系的丰富程度密切相关。人的全面发展是一个内涵丰富且不断扩展的概念，包括人的社会关系发展、人的能力发展、人的需要发展。主体间性理论认为，在教育过程中，单一的主体与客体关系，容易产生人与人之间的关系异化，教育者与受教育者之间也因缺乏双向的互动，最终导致教学效果差强人意。主体间性理论强调的不仅是教育者与受教育者均是主体，还强调教育者与受教育者两个主体的相互关系，在交流与对话中扩大彼此的视野、丰富彼此的认知体系，从而获得双方的共同成长与进步。这又再一次回归到马克思主义人的本质理论，人的本质是一切社会关系的总和，只有在社会关系中，才能使人的本质得到不断体现。

所以，从教育的整体性而言，教育所追求的人的发展绝不仅仅是指学生的发展，也包含教师的发展；"成人"既是"成就"学生，同时也是"成就"教师。将目光再一次聚焦高校思想政治理论课，我们总是将"成人"的教育目标全部落在学生层面上，当然，作为教学目标这也无可厚非，但从教育整体意义的价值取向而言，单纯将"成人"目标全部落在学生层面上，必然导致思政课教学走向单一的"学生"主体论，这看似是"教师"主体论的一大进步，实则陷入另一种师生"主—客"二元对立困境。而高校思想政治理论课教学亟须破解师生"主—客"二元对立困境，实现师生协同发展。

那么，如何在高校思想政治理论课教学模式创新过程中贯彻师生共同发展的指导思想？这是一个值得我们深思的问题。无论是在教学内容的重构上，还是在教学方法的选择上，包括教学评价中，我们应该秉承师生协同发展的理念。在教学方法中应强调实践教学的重要性，各个高校都在探索"理论与实践"相结合、"请进来与走出去"相结合、"校内与校外"相结合、"线上与线下"相结合的方式，为提高思政课时效性，部分实践教学采用现场教学法，而此时的现场教学可以由思政课教师来讲，也可以由学生来讲。老师通过现场教学这一媒介，拉近了彼此的距离，升华了对彼此的信任，使师生获得了协同发展。

第三节 专题任务驱动下
高校思想政治理论课教学模式改革的基本原则

专题任务驱动下的思想政治理论课教学模式改革应遵循以下几个原则：整体性、专题性、主体间性、实践性与驱动性。

一、整体性

"整体性"起源于希腊语，"holon"是其词源，是"子整体"的意思，如何理解"子整体"？"子整体"就是不只是整体，也不只是部分，而是"由结合的整体所构成的世界不能简单地还原为其各部分的总和"①。哲学领域的整体性，比如康德的先验哲学就具有"整体性"特征。"整体性"概念的集大成者是黑格尔，他认为"整体性"是统摄一切自然精神和思维现象的存在。马克思主义哲学认为，一切事物都是内部各个要素之间普遍联系的整体。因此，用整体性视角来认识和把握一切事物是最基本的方法论原则。

那么，作为一切存在物之一的思想政治理论课教学也应当遵循这一原则。思想政治理论课教学的整体性来源于马克思主义的整体性和思想政治理论课教学实践活动的整体性，可以说突出整体性，是增强思想政治理论课教学实效性的根本要求。

专题任务驱动式教学模式，就是对思想政治理论课课程重新进行分解组合，将原先的章节体系完全打破，结合时代需要、学生成长规律和学科特色对教材体系进行重新规划，按照逻辑规律和知识框架进行分化组合，将教材中相关的内容或是具有前后逻辑顺序的内容进行归纳组合，形成一

---

① Miller，J. P，（2001），The Holistic Curriculum. Revised and Expanded Edition. Toronto：OISE Press，p. 3.

套逻辑严密、知识组织适当、难易适度的整体教学方法。在专题任务设定完成后，组织学生进行参与式、主动式学习，结合社会实际问题，以知识点为引领，教师提前创设好问题情境，以研讨问题为切入点，学生进行问题探究式的学习，能够有效地将学习内容和分析问题、解决问题有效结合。就整体的教学组织而言，教学主体、教学主导、认知主体、实践主体、教学设计、教学组织、教学评价和教学反思等构成一个完整的教学闭环驱动整体，实现了教师与学生的双向互动、共同成长。

那么，在专项任务驱动教学模式中如何体现整体性原则？第一，明晰课程目标的整体性。高校思想政治理论课课程是一个整体，就本科而言包含五门课程，这五门课程构成一个整体，其课程目标也应凸显整体性原则。《关于深化新时代学校思想政治理论课改革创新的若干意见》中明确课程目标的整体性，"引导学生立德成人、立志成才，树立正确的世界观、人生观、价值观，坚定对马克思主义的信仰，坚定对社会主义和共产主义的信念，增强中国特色社会主义道路自信、理论自信、制度自信、文化自信，厚植爱国主义情怀，把爱国情、强国志、报国行自觉融入坚持和发展中国特色社会主义事业、建设社会主义现代化强国、实现中华民族伟大复兴的奋斗之中"，当然这并不代表大中小阶段的思想政治理论课没有具体课程目标。第二，实现教学内容的整体性。高校思想政治理论课的教学内容也是一个有机整体，马克思主义科学理论体系贯穿于所有课程的教学内容，而五门课程又有不同，掌握马克思主义科学的世界观和方法论，掌握中国革命、建设和改革开放的历史，掌握中国共产党的基本理论、基本路线、基本方略，掌握马克思主义中国化的理论成果，尤其是习近平新时代中国特色社会主义思想，掌握马克思主义世界观、人生观、价值观、道德观和法治观等科学理论知识。学生通过五门课程的整体性学习，整体提高马克思主义理论素养，坚定"四个自信"，把爱国情、强国志、报国行自觉融入坚持和发展中国特色社会主义事业之中。

二、专题性

专题性是课程专题教学的一种特征，针对教学内容和教学要求，以理论化、科学化、体系化与针对性、思想性、现实性相结合为原则，打破传统教材章节顺序进行授课的一种教学方式。

思想政治理论课专题任务驱动教学模式充分考虑了社会时代发展变化现实需求、学生成长规律、思想变化的实际特点等多方面要素进行集中统筹，适度打破了思想政治理论课原有课程框架，按照思想理论的内在逻辑和理论体系的历史逻辑，对其中相近或相似的内容，或是有着紧密联系的内容进行重新拆分组合和拼接，形成若干有着一定逻辑关系、内容相对独立但又彼此相互关联的专题模块进行授课。在专题模块内，由教师创设任务情景或是问题情景，以问题为纽带让学生运用已经学习的理论、原理或是规律进行探究式学习，学生由课堂教学主体向教学主导转化，学生成为课堂的主人，教师成为引导、点播的教学引导人员，学生主动获取知识、解决问题、团队合作、能力培养等多方面的潜能被激发。

实施专题任务驱动教学模式，有效解决了高校思想政治理论课教学过程中存在的诸多问题、矛盾和困惑，在促进教师打破原有知识体系，构建新的逻辑框架和内容重构的同时，学生也能够打破原有知识条块分割情况，迅速转换角色定位，课程教学向课前进行了延伸，提升了学生自主学习的兴趣和能力。课堂教学以讲授知识逻辑、答疑解惑为主，学生的合作分析、问题研讨、答案呈现和知识输出为主要内容，学生有了充分表达自己的自由，质疑、提问、探究、讨论和分析等都能够展现出来，学生不再是知识的被动接受者和被灌输者，而是教学的主导者、教学任务的完成者、教学目标的协作者、问题的解决者，通过学生的广泛参与和热情投入，极大地提升了思想政治理论课的时效性，增强了思想政治理论课的针对性和感染力，真正实现了高效教学的目的。

三、主体间性

主体间性，是当代中西方哲学视域中的一个闪光点。现象学大师胡塞尔首先提出"主体间性"的概念。他认为，每一个人都可以称为一个具有独立性的"自我"，即独立的个体，"自我"之外也同时存在着一个或者多个"他我"，也是独立的个体，然后通过拥有一个共同的世界，"自我"与"他我"，即两个或多个独立的个体，最终成为一个共同体。这样，传统的单一的主体性变成多个的主体性，演绎为主体间性。正如哈贝马斯所说："主体间性意味着主体与主体在交往活动中表现出来的交互主体，他们之间存在着同一性和一致性。交往双方彼此缔造对方，决定对方的存在，双方不存在建构和被建构的关系，而是在成就对方的基础上达成理解，形成共识并走向融合"。① 主体间性就是在主体与主体的相互关系中所包含的内在规定性，是人与人之间的统一性的关系。

最初的教育理念，教育者是主体、权威，受教育者是客体、接受对象。随着教育理论的不断发展，逐渐认识到教育者与受教育者均是主体，所谓的传统的主体性教育理论，是从单纯的主体与客体的关系角度来理解受教育者的主体性问题的。这种单一的主体与客体关系，追求的是单向灌输，教育者是权威，受教育者被动接受，容易产生人与人之间的关系异化，教育者与受教育者之间也因缺乏双向的互动，最终导致教学效果差强人意。

近年来高校思想政治理论课教学基本上已经改变教育者的单一主体性，通过各种教学方法力图凸显受教育者的主体地位，但取得的效果参差不齐。高校思想政治理论课想让受教育者有更多的获得感、让受教育者成为学习的中心，亟须借鉴主体间性理论。主体间性理论强调的不仅是教育者与受教育者均是主体，还强调教育者与受教育者两个主体的相互关系，

① 杨大春：语言·身体·他者：当代法国哲学的三大主题，生活·读书·新知三联书店，2007，第257页。

在交流与对话中扩大彼此的视野、丰富彼此的认知体系，从而获得双方的共同成长与进步。正如马克思所言，人的本质是一切社会关系的总和，只有在社会关系中，才能使人的本质得到不断体现。

高校思想政治理论课教学模式的建构应以主体间性理念为原则，一方面，教育者与受教育者均为主体，即双主体；另一方面，教育者与受教育者之间平等对话、平等交流、平等沟通，确保教学活动中教育者与受教育者能形成共识、共情、共感，确保教学的动力和源泉，从而取得更好的教学效果。当然，主体间性教学理论要求高校思想政治理论课教学"对于外部社会，既不能亦步亦趋，简单盲从，又不能漠然处之，无动于衷，而应持一种理性的态度，对促进人的发展、社会的发展保持前瞻性、引导性、规范性"①，避免沦为"工具人"。可以说，基于主体间性理论的高校思想政治理论课教学模式，有利于增强思想政治教育的可接受性，有利于丰富思想政治教育的方法，有利于实现教学实践由"对象化的活动"向"主体间性的交往"的转变，使得"成人"的根本教育目标得以实现。

四、实践性

马克思主义认识论认为，实践是检验真理的唯一标准。高校思想政治理论课教学实质就是一种特殊的社会实践活动，特殊的实践主体——教师和学生、特殊的实践方式——师生互动、特殊的实践结果——师生协同发展，当然"立德树人"的根本目标从未改变。

这里的实践性与思想政治理论课的实践教学不同，实践教学是思想政治理论课的一种教学方法，这里的实践性特指专题任务驱动的特性。那专题任务驱动的实践性表现在哪里？思想政治理论课专题教学是以问题为导向，针对社会重大理论和现实问题进行系统梳理，打破原有教材章节，重新建构教学内容，进而确立各教学专题。可以说，专题任务驱动教学模式

---

① 张耀灿等：思想政治教育学前沿，人民出版社，2006，第355页。

的实践性集中表现为解决问题。

五、驱动性

驱动性是专题任务驱动教学模式的一大特性。源于西方教学模式的翻转课堂强调"学——教——练"的逻辑顺序，而专题任务驱动教学模式也强调"翻转"，但不是"教——学"的完全翻转，而是结合我国教育的实际情况进行的部分翻转，"项目驱动、学生主动、教师引导、选择性翻转"① 是其典型特点。课前学生掌握基本理论，当然基本理论和项目计划教师应该提前布置，教师将教学目标设置于项目之中，课上通过项目驱动，学生通过交流讨论进行自主探究，自主构建知识框架，课后反思项目布置和实施过程中的收获。

---

① 张翠方：团队项目驱动的"选择性"翻转课堂教学模式在高校思政课教学中的研究，黑龙江教育，2021 年第 2 期，第 32 页。

第四章

专题任务驱动下高校思想政治理论课教学模式改革的基本思路

第一节　突出思政课堂的实效性

一、突出思政素养导向

思想政治素养来源于中国共产党的政治实践，集中反映了党和国家对个体在政治和意识形态方面应有的基本要求。因此，思想政治素养是社会意识形态经历个体化后在个体身上呈现出来的品质，是个体在意识形态方面实现了社会化后所体现出来的结果。思想政治素养可以分为思想素养和政治素养两个方面，思想素养主要侧重于思想道德和思想品德，政治素养则是强调政治意识和意识形态品格，思想素养的养成是政治素质养成的重要基础；提升学生的思想政治素养是思想政治教育的最终目标和落脚点，思想政治教育是思想政治素养养成的重要助推力。思想政治素养具有内在性、可塑性、阶级性和差异性，一旦形成就具有稳定性的特点。思想政治素养从内容分析，可以涵盖思想素质、政治素质、道德素质和法治素质；思想政治素质从结构上分析，可以包括知识系统、心理系统、能力系统和价值系统等几个层面。习近平总书记在全国高校思想政治工作会议的讲话中指出："思想政治工作从根本上说是做人的工作，必须围绕学生、关照学生、服务学生，不断提高学生思想水平、政治觉悟、道德品质、文化素养，让学生成为德才兼备、全面发展的人才。"① 这里所说的"思想水平、政治觉悟、道德品质"就是思想政治素养的具体体现。

大学期间是学生思政素养养成的关键时期，学生们正处于"拔节孕穗期"和"灌浆期"，思政素养正在由稳定期逐步走向成熟期。学生们系统地学习和掌握相关理论知识，也将获得更多的接触社会、接触各色人群和在实践中更深的了解社会的机会，因此，学生通过不断调试和修正自身已经具备的思政素养中的知识、情感、能力和价值等系统，为自身思政素养走向理论化、抽象化准备了条件。学生们通过更多的课内实践、校内实践、校外实践，与社会频繁的接触，能够运用相应的理论进行实践指导，并更加强调通过对经验的把握和社会角色分析来推进个人思政素养的培育，最终走向成熟。专题任务驱动教学方法就是在基本理论学习的基础上，在任务设定上给学生们更多的空间和机会，利用家庭、学校和社会多种资源进行广泛的社会实践，增强理论与实践的相互联系沟通，目标就是思政素养的养成。

专题教学以知识传授、问题启发为主，以制度化、系统化的知识学习形式存在，主要聚焦于大学生思政素养系统中的知识培育，是学生们培养思政素养的常规性环节和必经阶段，也是提供养成原初动力和确保养成正确方向的基础性环节。项目驱动环节主要包括情境创设、环境熏陶、活动参与和自我修养等几个方面。情境创设主要是指通过相应的情境设定，比如悖论中的火车悖论、虚拟情景中的场景布置等方面，让学生能够身临其境去面对问题、感受现场氛围，从而得出一定的结论；环境熏陶就是以马克思主义理论、心理学的焦点意识以及儒家人伦日用理论为依据，以榜样、家风家教、校园文化、文艺作品等为主要形式，潜移默化地推进大学生思想素养养成，将其嵌入学生们的日常生活，成为大学生思政素养养成的推进方式；活动参与就是以马克思主义实践观和认知图式理论作为理论

----

① 习近平：习近平谈治国理政（第二卷），外文出版社，2017，第377页。

支撑，以政治活动、校园活动和社会实践、实践项目等为主要实施形式，为大学生思政素养养成提供行动的平台、在场的印记、强烈的参与感和验证的机会，是思政素养养成的实践检验环节；自我修养是以中华优秀传统文化的修身观和马克思主义的修养观为依据，以自我学习、自觉践履、内省和慎独等为主要形式，以自我努力为基础、自觉践履为中心，以自我反省为核心，以自我品格培养为追求，是大学生思政素养养成的自我提升环节。

大学生的思政素养养成实际上是将社会思想政治要求转化为个体的思想政治意识的过程，个人的思想政治意识转化为思想政治行为，并最终达到内化与外化相统一的过程。以专题呈现理论学习，就是通过对思想政治知识和理论的学习，形成一定的思想政治认识，是思政素养形成的发端，是思想政治的情感、意识形成的根本依据，是一定社会思想政治的原则规范转化为思想政治行为的基础和前提。在接触思想政治教育之前，学生也会通过各种途径接触社会现象、社会舆论等，从而对社会政治生活产生一定的初步认识。随着知识的不断积累，理论知识的不断丰富，学生在掌握了事物和事件的基本概念之后，就能运用综合思维能力进行判断和推理，形成对事物、事件更为深刻的认识。进入大学阶段，学生们通过马克思主义理论的学习和专业知识的积淀，能够用马克思主义理论的立场、观点和方法进行社会现象的分析，得出一定的结论。随着学生社会阅历、学习内容的不断增长，内心不断消化吸收、头脑中不断总结归纳，逐渐内化出属于自身的初步的思想政治的价值追求。在任务驱动中，通过情境创设、氛围营造等来培养学生的思想政治情感，就是要求学生们按照一定社会的思想政治原则、规范、规则去理解、认识、评价周围的人和事，产生的情绪和情感体验对思政素养的形成、发展、定型起到催化、强化的作用，是加强思想政治认识、锤炼思想政治意志的催化剂，是思想政治行为的推动力。人总是试图用已有的知识系统去认识和评价生活中的人和事，当人和事契合自我的认知习惯，就会在心中形成一定的积极情绪，反之则会形成一定的负面情绪。因此，学生在形成一定思想政治认知时，就会不自觉地在心中评价学习和社会中的经历、听闻的社会现象，并会得出正面的或是负面的情绪体验，结合自身的知识积累有时可以将负面的情绪逐渐转化为正面的评价；当学生们遇见的社会现象和事件与自我的价值追求相一致时，就会形成激发自我发展的正面情感，反之则会形成制约自身发展的负面情感，如我们在观看体育比赛时，看到五星红旗升起、听到国歌奏响时，就会激起内心强烈的爱国情感，再比如当人们在异国他乡时，总会格外思念自己的祖国和故乡，这就是说出国导致人的负面情感迸发，从而更加坚定和激发了自身的爱国情感。自我内心具备的价值追求，是促进思想政治情感产生的重要诱因，当内化进入到思想政治情感生成的阶段，就意味着内化于心的阶段已经深入到学生灵魂深处。学生在思想政治素质认同形成之后，在没有完成内化于心时，还需要有一个思想意志坚守的过程，这其实就是理想信念形成、价值观确立的过程。

思想意志是指人在践行思想观念和价值理念的过程中表现出来的自我克服一切困难、跨越一切障碍的毅力和勇气，这是不断推动思想政治行为勇于实践并坚持不懈持之以恒的精神动力。只有在理想信念坚定的基础上，思想政治意志才能具有更强的指导性，在行动上才能体现出一致性与恒久性；正因为理想信念的坚定才会对相关内容与形式保持高度的认可，在行为上更为彻底的执行，这个阶段是思政素养养成中内化的高级阶段。这也意味着学生们的内心和思想上形成了关于思想政治素养的原则性立场和正确态度，并以此为标准去评判人们的行为举止和社会中出现的事件。理想信念的不动摇、价值观的最终确立是学生思政素养完成的标志，这也是自觉践行的阶段，学生们的思政素养培养完成了一个周期。诚然，学生们的思政素养的培养并不是一个周期就可以最终形成的，还需要经过实践的不断检验和现实的不断磨砺才能最终得以确立。在现实生活中，学生思政素养的养成也会遭遇曲折，如外界的诱惑和刺激就会检验学生们的理想信念是否坚定，能否对外界的错误思潮和错误行为进行正确的评价并予以纠正，如市场经济条件下的金钱观、物欲观、啃老等，考验着学生们的内心是否强大，能否抵制住诱惑，坚持正确的思想政治观念。在评价社会现象的基础上加深对思想政治理论知识的认识，以社会践行的行动来展示思政素养的坚定，从实践中得到的正确结论辅以知识的正确性，不断深化思政素养的内化程度，将外化与内化有机结合，在实际生活中做到了由认识到实践、由实践到认识的多次反复过程，在新的基础上更加强化学生们已经形成的思政素养。

二、突出专题问题导向教学

专题任务驱动教学法就是通过内容整合设定一定的专题，以高效、高质量地完成相应的教学任务，实现教学目的为根本宗旨的有效教学方式。这就要求教师对课程内容有完整、全面的掌控，保证整个教学过程的连贯性、完整性。专题任务驱动教学法就是以专题为线、以问题为链，将整个教学体系贯穿起来，让学生们能够对知识融会贯通、消化吸收。学生们在小学、中学阶段对思想政治理论基本知识有了一定的了解，就需要教师根据不断变化的国际国内形式，补充和完善教学内容，引导和帮助学生们分析、处理新时代我们所面临的新问题、新情况、新任务、新形势。这就决定了教师不必对所有的教学内容按照章节要求面面俱到、按部就班的教学，必须紧紧围绕教学目的，面向社会需求，回应学生关切，抓住知识点主干，将知识重点、难点、热点问题梳理出来，进行灵活机动的专题教学。

如"思想道德与法治"课程的专题总体设计思路，从认识大学、适应新生活开始，围绕着适应是为了更好地成长、成才，而成长的关键是理想和信念的支撑；成长意味着承担责任，意味着把个人、社会、国家、民族的事业联系在一起，在为这样的事业奋斗的过程中，需要有勇气和智慧直面人生的各种挫折和挑战，在奋斗中体悟并形成科学的人生观，让自己过一种有道德的生活，成为国家和社会的知法、懂法、守法的公民。以这样相互关联、相互推进的教学专题不断深入开展教学，保证了教学内容之间的紧密联系，既可以避免教师泛泛而谈，也能够避免课程内容之间的相互割裂的缺点。

问题意识是以课程内容为引导，激发学生们广泛思考的能力。习近平总书记对高校思想政治工作作出了这样的论述："高校思想政治工作实际上是一个解惑释疑的过程。"① 因此，思政课就是给学生们解释问题，激发大家思考的，在某种程度上，问题是启迪教师进行深度教学，促进师生双向互动和共同成长的动力来源，通过聚焦共同的问题来确定实现形式和具体内容。马克思指出："问题就是公开的、无畏的、左右一切个人的时代声音。问题就是时代的口号，是代表时代自己内心状态的最实际的呼声。"② 人的主观能动性体现在人能够发现问题、分析问题、解决问题上。教学上的问题意识培养是双向互动的，因为个体可能存在思想上的困惑，教师的使命就是辅助他们解决问题的。问题意识的养成让双方互动得以产生并存在，在学生成长过程中，问题意识是影响师生双向互动形式与内容的总根源。学生有问题，教师就要对问题予以解答，"问与答"成为双向互动的最为普遍的形式，而辩论、讨论等则是其有效延伸。

专题教学的展开是为师生双向互动提供了前提条件，尽管双向互动强调主客体的交互关系，但作为对象性的活动，教学的起点是以输出为主的。只有教师开始实施教学过程，才可能产生主客体互动的条件。进而言之，专题教学的实施为双向互动间接提供了场域。以教师的教学为使命，学生的知识学习为基本需要，两者互动关系才能真正建立起来。师生双向互动是以马克思主义理论为核心的，问题主要集中在三个方面：知识理论的困惑，社会现象与社会问题的不明，理论与实践紧密结合的困惑，因此双向互动围绕知识学习、问题讨论和解决问题等方面而展开。

专题教学是对传统教学的优化升级，以专题形式打造精品内容，以专题相互补充同向同行。专题教学具有深耕细作、引人入胜、优势互补、强

---

① 习近平首次点评"95后"大学生，（2017-01-03）［2020-02-23］。
② 马克思，恩格斯：马克思恩格斯全集，人民出版社，1960，第289页。

强合作的特点，对于"一竿子讲到底""单兵作战"的传统教学模式有一个根本性的改变，通盘考虑、整体教学有效解决了"边际效应递减"等难题。以集体备课的方式，汇集全员智慧解读教材，以问题导向和理论逻辑为主线，对教学大纲和教材进行了深入研究和整体化设计，使各个专题自成体系又相互融合，打破了章节的限制，用生动活泼的语言来表达，突出精品特色。问题意识的关键在于课堂教学对问题的探究和解答，落脚在价值认同和理想信念培育上。不回避问题是问题意识的起点，问题的设置和针对性是专题设计的指针。好问题一定是真问题，是针对国家、社会生活的现实、对学生成长中疑惑的高度统一，直接指向新时代话语体系，直达学生的日常困惑。在"毛泽东思想和中国特色社会主义理论体系概论"的教学过程中，设计了"收入分配的三次分配如何体现，如何看待大学生入职后的工资""深化改革何以可能，为什么改革不能停、不能观望"等等。学生在进行这类问题的研讨时，可以做到"人人有话可说"，能进行广泛的讨论，碰撞出火花，充分体现问题启发教学的价值。从布置任务到学生们的广泛表达，教师引导学生以理论思维来考虑现实问题，问题可以做到尖锐而不尖刻，通俗而不庸俗，用学生关心的问题引导学生们的关注点，再以思想政治理论的思想魅力、理论深度和话语创新引导学生们广泛参与，培育学生们的理性思维、平和心态和坚定的理想信念。

在高校思政课教学改革中突出专题问题导向，要坚持自主性原则，从专题的选择、确立到专题的展开、实施，甚至是教研活动的开展等方面都要发挥学生的自主性和主动性，由学生参与和指挥，教师进行必要的帮助和指导，使学生能够最大限度地发挥自己的主动性，激发他们学习的兴趣。在参与专题的确定和话题的拟定上，学生们深度参与其中，真正深入到社会实践，将理论学习和实践问题衔接起来，在社会实践中体验思政课所讲授的理论知识的价值，自觉将学习到的道德认知和规范内化为健康心理和人格修养，转为化道德行为习惯，使思政课教学的实效性照进现实、转化为实际的行动。问题的拟定要选择开放式的，基本来源于学生们广泛关注的现实问题，要求教师要有开放的眼界，在引导学生们方面也要放开头脑，发挥学生们的想象力，结合专业特色，主动引导点拨，注重思维的培养，将学习的重点放在理论的消化吸收以及理论知识的延伸上，促进思政课教学的吸引力和实效性。学生在交流和汇报时，可以采用 PPT 演示、视频分享、读书报告等形式在课堂上进行展示，教师对成果进行点评和分析，学生们也可以对问题进行提问和互评，给予学生充分交流和讨论的机会，在这一过程中促进师生互动，思想的碰撞和心灵的交流促进学习不断深化，增强学生的自主性、主体性的发挥和综合能力的提升。

专题项目驱动教学法的实施突出专题问题导向，可以促进教学目标的全面实现和教学主体性的发挥，而且能够提高教学组织的合作性，形成良好的教学氛围，实施多维性的教学评价，提升思政课教学效果。

三、突出任务驱动导向教学

任务驱动教学就是根据教学内容设定一定的具体任务来进行有效教学，让学生们真正因课程任务而行动起来。按照任务教学法的标志性任务，纽南（Nunan，1989）概括了两种任务：现实性任务和教育性任务。勃雷泊（Prabhu）认为：任务是学生在教师的引导下，通过思维过程，根据现有信息和理论知识得出一定结论的过程。强调以表达的内容为中心，不过度强调教学的一定形式，在关注知识本身的过程中，学生可以将学习内容内化；有效的学习不应该是单向传授式的，而应该是双向互动加实践过程的，学生综合能力的提升必须经过实践的多次检验得出，并经过学生的自我输出才能成为自身的知识。

任务驱动法在应用之初的确是因为反对传统的教学模式而过度强调了任务和让学生们自主学习的意义，忽视了学习理论的重要性。由于教学实践的不断丰富和发展，以及教学模式的不断优化和自我调整，学生以学习理论为前提，任务驱动的目的就是在理论知识的指导下让学生们能够灵活应用并辅以任务的完成，由此准确掌握基础知识，并在实践中不断内化，提升学生的动手动脑能力，提升学生的综合应用能力，并不是降低甚至是排斥理论学习的时间。再根据任务驱动的不同过程，专门设计了任务，针对的就是知识的学习和掌握，只是根据任务在各个时期的不同目标或是侧重点不同，在学习知识和任务完成上获得某种程度的平衡，不能顾此失彼，影响学习的整体效果。将任务置于教学过程的中心，视学习过程为一系列直接与课程目标相联系并服务于课程目标的各种任务，其目的就是为了超越单一的教学传授而学习知识的一种特定模式。

任务驱动教学模式的实践者勃雷泊（Prabhu，1987）在他的专著中认为：任务是学习者根据所学习的内容和相应的信息，经过系统思考等过程，得出某种结论或是结果的过程。在完成任务时，学习者能够对自己的思考过程进行控制和调整，同时也可以将任务内容根据活动类型进行分类：规则中心活动、形式中心活动、目标中心活动和意义中心活动等。任务驱动教学就是以其真实性、交际性，能够学以致用、活跃课堂气氛、激发学习者的学习兴趣和内部学习动机而深受欢迎。经过精心设计的任务能驱动学生在教学过程中实现双向互动，使学习更具有指导性和现实性。所设计的任务往往以一系列的活动形式，由学习者通过小组合作共同完成或是单独完成。课堂任务以小组活动为主要特征，它能够增加学习者的实践参与机会，学生们运用知识提升实践操作的时效性，提升实践质量，活跃课堂气氛和调动学生学习的积极性和主动性。任务驱动教学通过运用学习任务来组织教学，强化了实际应用能力运用的过程，充分体现了知识指导实践能力 的本质。完成各项设计任务的过程就是促进学生们主动学习和自然融入社会的具体实践，能够营造一个有利于学习者由学习知识到实践应用的有效场域环境。

任务的设定要保证所涉及的材料一定要尽量翔实可靠，任务的设计要与学生的实际生活紧密结合起来，为学生提供明确、真实的情景，使学习者在一种自然、真实或是模拟的真实情景中进行理论的实际运用。任务形式和预期效果之间应该有明确的逻辑性、关联性，知识形式是学生们理论应用于实际的理论基础，任务的设计应该注重语言形式和语言功能的结合，使学习者在掌握基础知识的基础上，通过系列任务的训练能够自己进行理论推演和演绎，从而理解理论知识的实际作用和主要功能，并指导在实践中的真实应用。在一个专题中或是一个学习单元中的一系列任务就应该犹如阶梯一般，相互依存、层层深入。任务设计由简而繁、由易到难、由初级任务到高级任务逐步发展，并且让接受性任务先于创造性任务，通过任务的层层递进，学生们的理解能力和综合能力都逐步得到提升。

从任务驱动教学模式的内涵和运行形式上看，任务驱动型教学模式具有坚实的理论基础和非常成熟的一套教学模式。任务驱动型教学模式层次分明，先让学生们做好基础知识的学习，再让学生们顺利完成各项任务，最后学生们过渡到准确的使用理论指导实践，整个过程针对性很强，为学习者提供了大量的交流机会，既可以输入也可以输出知识。

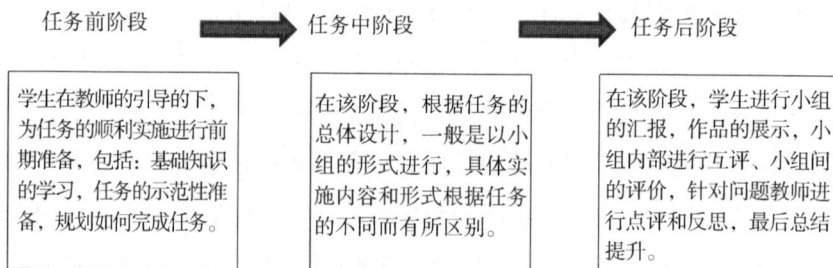

任务前阶段 ➡	任务中阶段 ➡	任务后阶段
学生在教师的引导的下，为任务的顺利实施进行前期准备，包括：基础知识的学习，任务的示范性准备，规划如何完成任务。	在该阶段，根据任务的总体设计，一般是以小组的形式进行，具体实施内容和形式根据任务的不同而有所区别。	在该阶段，学生进行小组的汇报，作品的展示，小组内部进行互评、小组间的评价，针对问题教师进行点评和反思，最后总结提升。

任务开始前：是一个为实施任务进行准备的阶段，在这个阶段老师要给学生们布置好明确的任务，让学生熟悉关于该项任务的一些必要的知识点，激发学生完成任务的积极性，帮助学生准备相关的前期工作。任务中：这是教学的中心环节。培养学生完成任务的基本能力，依照整体性原则，让学生们去寻找可以帮助他们完成这项任务的基本理论、规律和方法，知识内容不再只是一个个项目的载体，而是帮助学生们完成各项任务的工具，可以提供给学生们适宜的参考依据。过去学生们只习惯于从理论本身去理解知识，关注的是任务本身的理论依据，而不是如何运用原理去解释实际问题。在这里教师只是进行相应的引导，启发学生学会如何思

考，如何提出问题、分析问题，在学生们疑问不能解答时可以进行适度讲解，以启发式教学为主。这有助于教师根据任务的难易程度针对学生们进行分级，分级之后可以结合学生们的学习情况、学习状态和理解程度进行有效教学，而不是一味根据教学的重难点进行一般式教学。学生开始着手完成任务时，教师尽量对学生们进行分组，帮助小组分析问题、解决问题，拿出切实可行的解决方法。学生的任务展示和汇报环节，全体学生共同分享每个学生、每个小组的任务完成的成果，可以是 PPT 展示、论文成果、研究报告、调研报告和感想收获等多种形式，以突出主题为核心，每个成员通过展示将所学、所获、所感通过消化吸收的形式将自己的认识分享给同学和老师。任务后：这是任务的反馈环节，主要是教师了解学生们对于知识的掌握程度，通过各个小组的分析评价和互评等形式，促进学生们相互启发，共同成长，可以通过任务评价、形式过程和延伸任务等形式来呈现。在这个阶段，学生们对任务有了更深的认识和了解，这个阶段就是将他们已经掌握的知识进一步扎实转化为自我知识的过程，通过适当的实际操练转为自身的知识体系。针对学生们提出的问题和解决问题的方式方法，教师逐一进行解答点评，让学生们对知识有更深的了解和把握，因此能更有效地进行针对性的学习和任务设定。

小组活动是任务驱动型教学的重要组成元素。学生在活动中通过相互的沟通交流，利用已有的知识体系进行任务分析，能够获得更多的内涵输入，同时也结合对方的反馈进行随时调整，从而达到提升的效果。小组活动的优势很多，有利于营造相对真实的学生氛围和任务场景，有利于提升学生的参与度，增加学生开口表达的机会；还有利于形成良好的问题处理氛围，创造一个公平交流的平台，降低学生们在课堂上独自参与问题的压力和焦虑。当然，小组活动也有其弊端：小组活动是任务驱动型教学的知识输入和问题输出的主要形式，在水平相差不多的情况下，很容易造成结论趋同或是错误不能及时纠正造成的偏差；在水平参差不齐的小组里，水平较高、表达能力较强的学生很难从水平较低、知识储备不足的学生那里获得有用的输入，起不到相互启发的效果，进步就不会非常明显；而小组活动里还会有一个显著的现象，就是存在一些被称为"沉睡者"的组员，小组活动时，水平较高的组员或是领导能力较强的学生掌握了小组的主要话语权，有的同学贡献较小或是无贡献，久而久之水平提升就不会非常明显，甚至会影响学习的积极性和自信心。

第二节　依托多元思政资源

思想政治教育工作作为社会实践的一种，当然也不能缺少一定的思想政治教育资源的补充和支撑。无论何时，只要思想政治教育工作存在，不管人们是否意识到思想政治教育资源的重要性，是否深入研究思想政治教育资源，都在实践过程中自觉或不自觉地运用一定的思想政治教育资源。也就是说，思想政治教育资源一直在思想政治教育工作的实施过程中无声地散发着自己的能量，发挥着自身的价值，贯穿于思想政治教育工作的始终，是有效开展思想政治教育的原材料。思想政治教育的多重资源是维持思想政治教育正常运转和务求实效的重要构成部分，也是启动思想政治教育高速运转的必要动力，是一种影响思想政治工作存在与发展的重要元素，并通过在思想政治教育工作中与其他元素相互协调、相互配合，共同营造出一种和谐运行、效果明显的思想政治教育工作。

一、依托红色文化资源

红色文化是在革命战争年代，由中国共产党人、先进分子和人民群众共同创造并极具中国特色的先进文化，蕴含着丰富的革命精神和厚重的历史文化内涵。习近平总书记多次到革命老区进行调研，回顾伟大革命历史，强调理想信念教育，阐释红色文化，赞扬革命精神。红色文化实现了对民族精神的升华，激励了中国革命和建设取得了胜利，在中国革命历史上发挥了重要作用。红色文化也是我们抵制历史虚无主义、确保红色江山永不变色的重要思政资源，应该利用好红色文化资源，发挥好红色资源优势，让红色资源成为思政课重要的活水源头。

百年党史孕育了伟大的革命精神、彰显了崇高的理想信念、涌现了无数伟大的革命英雄，使得在这一过程中形成的文化带有鲜明的革命色彩。在看望文艺界、社科界委员时，习近平总书记意味深长地强调："共和国是红色的，不能淡化这个颜色。"① 红色文化是在对封建文化的评判和反思中逐步确立起来的。中国近代以来在反帝反封建的斗争中，在评判北洋军阀推行的"尊孔复古"逆流中，进一步启发民智，陈独秀、李大钊、鲁迅、蔡元培等人从 1915 年开始以"民主、科学"为旗帜发起了新文化运动，这是文化启蒙的开端。这场运动冲击了早已封闭僵化且禁锢人们思想的封建文化，使人们的思想得到了空前的解放，中国先进知识分子的思想逐步从传统向现代转化。这也为新思潮的传播开辟了道路。1917 年俄国的十月革命拉开了科学社会主义从理论到实践的序幕，并以无可争辩的事实改变了过去人们对人类社会发展道路的认识。中国与俄国在国情上存在诸多相似性，中国先进的知识分子在其身上敏锐地看到民族独立和人民解放的希望，五四运动后，宣传马克思主义和学习马克思主义成为文化运动的主流。马克思主义以其鲜明的科学性、革命性和坚定的无产阶级立场，成为中国知识分子广为接受的主流思想。以马克思主义为指导思想的中国共产党在其指导下开展了文化反思和改造，建立起了红色文化。

红色文化也是对中国优秀传统文化的吸收、继承和转化。第一，中国共产党的革命理想是在中国古人对于社会美好向往的基础上发展而来的。天下太平、小康社会、天下为公、大同社会等是我们追求了几千年的人民理想，儒家的"有道社会""王道理想"以及对后世有着深远影响的"天下为公"的大同世界的构想；道家的"至德之世"的美好愿景，向往"损

---

① 习近平：习近平谈治国理政（第二卷），外文出版社，2017，第 34 页。

有余而补不足""少私""不知藏""共利""共给"等；墨家的"尚同"世界，讲求"兼相爱""交相利"；汉代董仲舒"霸王之道，皆本于仁"的政治理想，杨雄《六韬》中"天下非一人天下"的大同世界设想；唐代王仙芝"天补均平"的口号；宋代王小波、钟相的"均平富""等贵贱"的主张；太平天国的"无处不均匀、无人不保暖"的社会理想；康有为的"大同"理想世界，等等。革命理想继承了中国古人的社会理想，将其扩充为物质财富极大丰富、人民精神境界极大提高、人自由而全面发展的共产主义社会的追求，并指明了实现这一追求的正确道路。从而实现了对古人社会理想的升华。第二，红色文化继承和发展了以爱国主义为核心的民族精神和自强不息的精神特质。爱国主义是红色文化的精神血脉，是构成红色文化的主基调，不论是哪个时期的革命运动所形成革命精神都是爱国救亡民族精神的生动体现，都是围绕着实现民族独立和人民解放而展开的，是思政资源的主要构成。中国革命的残酷性决定了革命的长期性、复杂性和艰巨性，更意味着有众多的流血和牺牲。因为在长期的革命斗争中所形成的革命精神必然鲜明彰显着艰难困苦，必然彰显着中华民族自强不息、顽强奋斗的精神特质。第三，红色文化所确立的为人民服务思想发展了中国传统文化中的民本思想。民本思想在中国古代早已有之，"民惟邦本，本固邦宁"的观念，还有"天下为主，君为客"的民本思想。在传统民本思想的基础上，在群众史观的指导下，中国共产党确立了为人民服务的思想，实现了传统文化价值取向和阶级立场的更新。第四，红色文化所蕴含的辩证唯物主义认识论发展了中国传统文化中的知行合一的思想。中国古人"天人合一"的思想观念所蕴含的人本主义倾向，凸显了人的力量，从而造就了经世致用的实践理性，知行关系成为中国传统认识论的基本命题。不论知、行的先后、难易、轻重，中国传统认识论的基本观点是"知行合一"，即要将知与行有机结合起来。但是受到传统文化伦理主义倾向的影响，"知行合一"所强调的主要是道德认知和道德实践。在"知行合一"的基础上，在马克思主义哲学的指导下，知与行的范围从伦理领域扩展到整个人类社会生产实践领域，建立起了理论与实践相统一的辩证唯物主义认识论，实现了传统认识论的更新。第五，红色文化发扬了中国传统文化中所倡导的科学精神，发展了中国传统文化中的直觉体悟的思维方式。中国传统文化中人的安身立命之本在内而不在外，所谓内就是对自身的直觉体认、对道的直觉体悟，所谓外就是对科学知识和专业技术的了解和掌握。因此，人的安身立命之道，唯有通过直觉、顿悟才能洞见其全。这种思维方式对于日常生活知识和经验的积累以及能力提升有着积极作用，但是因为缺乏严密的分析思维，无法对事物背后的运行规律和机制进行把握，因此，严重阻碍了自然科学的发展。在传统直觉思维所强调的整体性的基础上，在辩证唯物主义和历史唯物主义的指导下，红色文化通过对西方科学成果的借鉴，形成了综合分析的思维方式，科学精神、科学方法得到弘扬，传统思维实现了更新和升华。

红色文化产生于革命斗争年代，发展于社会主义建设时期，为革命斗争和社会发展提供了强大的精神动力，因此也构成了思政课教育的重要组成部分。首先，红色文化唤醒了民众，实现了民族精神的升华。习近平总书记讲到，中国共产党领导中国人民进行的革命斗争，"就是中华民族觉醒的历史进程，就是中华民族精神升华的历史进程"[1]，在这一过程中形成的红色文化推动了民族觉醒，也实现了民族精神的升华。在中国自给自足的小农经济基础上产生的中华文化曾居于世界领先地位，影响波及了亚洲甚至欧洲地区。但在历史发展过程中，中华文化因适应君主专制封建社会而逐渐发生停滞和固化，形成了一套闭关自守的文化体系。当世界上其他一些民族国家在 13 世纪开始寻求文化转型、开启新发展之时，中国人仍以一种封闭、自满的精神状态做着天朝上国的美梦，在精神上处于不自觉的状态。这种不自觉使得人民大众秉持因循守旧的思想，麻木地面对亟须变革的中国社会。而自新民主主义革命以来所形成的红色文化以其崇高的理

---

① 习近平：在纪念中国人民抗日战争暨世界反法西斯战争胜利 69 周年座谈会上的讲话，北京：人民出版社，2014，第 8 页。

想信念在广大人民群众中开启了一场新的启蒙运动，从而使中国人民告别了精神被动的状态，走向反抗压迫，摆脱贫困、追求解放和实现富强的现代化之路。其次，红色文化是中国革命取得胜利的强大精神力量。中国革命所面对的敌人异常强大和众多，中国人民不断承受着封建主义的剥削、帝国主义的侵略以及官僚资本主义的欺压。这就使得中国革命相较于其他国家的革命而言更为残酷和漫长。在这一过程中中国共产党领导的中国革命还遭遇了日本帝国主义的入侵，这一斗争持续14年之久，中国伤亡人数超过3200万。在这样恶劣的环境下，中国人民在中国共产党的领导之下依然取得了革命的胜利，这正是因为中国共产党有着坚定的理想信念。习近平总书记在纪念红军长征胜利80周年大会上说道："长征的胜利，是中国共产党理想的胜利，是中国共产党人信念的胜利。"中国共产党正是有了理想信念的支撑，有了"砍头不要紧，只要主义真"的坚定和坚持，才能披荆斩棘、愈挫愈勇，取得最终的胜利。

思政课的基本内容都是与中国共产党的发展历史和中国现代化的发展历程密不可分的，中国特色社会主义道路、理论、制度和文化都是对我国和世界历史上的发展道路、理论、制度和文化的继承与发展，可以说思政课的教学内容所依托的就是历史的真实情况，有着典型的中国故事、中国经验和中国模式，"如果我们放弃历史，那么，对历史的每一次超越就都成为了幻觉"。① 而讲好中国故事，就要在思政课教学模式上进行创新，创新的基础就是坚持讲好历史故事，用好历史记忆，开展历史教育，让学生们在历史规律中深刻领悟人类社会发展规律、社会主义发展规律、中国共产党的执政规律，增长他们的知识，触动他们的灵魂，树立起正确的历史观、人生观和价值观，激发他们的历史使命感和社会责任感。在思政课教学改革模式中，我们在深入挖掘红色历史资源时首先要尊重历史，正视历史，加强历史意识的培养和历史教育。"历史虽然是过去发生的事情，但

---

① 雅斯贝尔斯：历史的起源与目标，魏楚雄、俞新天译，华夏出版社，1989，第317页。

总会以这样那样的方式出现在当今人们的生活之中。""今天遇到的很多事情，都可以在历史上找到影子，历史上发生过的很多事情也都可以作为今天的借鉴"，"今天都是从昨天和前天发展而来的"。① 思政课的性质决定了我们必须坚持马克思主义的指导，运用马克思主义理论与方法来教育学生，培养学生树立正确的价值观、人生观和世界观，马克思主义理论学家对历史传统的尊重成了马克思主义理论学科发展的必然要求，尊重历史、学习历史和传承历史是其中的重要组成部分。"历史意识不仅'种植'了民族文明的基因，而且构成了民族延续的生命之根和文化血脉的精神家园。"② 有助于人们从历史中吸取有益于社会发展的历史经验，能够继承和反思文化中的历史经验，传承民族血脉。

二、依托时事热点资源

高校的思想政治教育要反对在绝对主义支配下的一元论、独断论和封闭中的传统思政教育，更要反对西方别有用心宣扬的思政教育"无用论"和"过时论"带来的危害，用马克思主义辩证唯物主义和历史唯物主义的观点进行分析和认识，利用好时事热点问题的现实性和解惑性的特点优势，使思想政治教育在与时俱进中实现自身的功能和作用，培养出既关心时事热点问题，又具有分辨能力、分析能力和选择能力的社会主义合格建设者和接班人。

思想政治教育社会化不仅是一种现象，也是一种趋势。因此，高校必须要直面社会发展和世界进程中的各种问题、冲击和影响，必须要从学校象牙塔的封闭式教育中解脱出来，主动接触社会、了解世界，积极借助多方资源和社会各方面力量，建立良好的社会育人环境。《关于进一步加强和改进大学生思想政治教育的意见》中指出，加强和改进大学生思想政治

---

① 习近平：牢记历史经验历史教训历史警示 为国家治理能力现代化提供有益借鉴，（2014-10-14）［2022-2-26］.

② 杨金华：论历史意识与精神家园，江汉论坛，2012 年第 9 期，第 61-63 页。

教育要与时俱进、紧密结合国际国内外形势的变化，以及学生们关注的热点、难点问题，切实改革高校思想政治教学内容，要紧扣社会热点问题，积极利用社会热点资源，讲清楚社会问题，让学生们能够正确认识和分析社会难点问题，正确看待社会问题。习近平总书记在全国高校思想政治工作会议上强调："做好思想政治工作，要因事而化、因时而进、因势而新。"① 这就对思想政治工作提出了具体而微的要求，要适应时代青年的需要，不断丰富教学内容，不断更新知识体系，增加新的前沿知识和社会热点问题。大学生思维活跃，往往容易受到社会舆论、网络舆论、社会热点、国际事件等的影响和作用，容易冲动并且被错误的人或言论所引诱，因此，高校的思想政治理论课在进行教学模式创新和教学方式改革时，要充分挖掘时事热点问题和资源，主动将学生关切的问题和焦点、兴趣点紧紧与课程相联系，融入教学环节中，不断丰富教学资源。

社会时事热点是人类实践活动中不可或缺的一部分，不仅反映社会现实问题，同时也反映出社会的某种社会形态问题，引导人们进行深入的思考，它总是对社会存在的某类现象进行集中的反馈或是指向社会发展的未来设想及思路，它指向的可能是某类社会发展的镜像或是社会发展的某种走向。社会热点是对现实问题的某种评判或是对当下问题不能实现的某种超越，它从整个社会或是世界范围和各个社会阶层的思想意识来引导社会成员观念的形成和认识的建立，并进而影响整个社会构成部分的行为选择，引起社会或是缓慢或是激进的发展。这是一种无意识的反应过程，或者说是一种无意识的建构和证明，正如马克思所说："你们的利己观念使你们把自己的生产关系和所有制关系从历史的、在生产过程中是暂时的关系变成永恒的自然规律和理性规律，这种利己观念是你们和一切灭亡了的统治阶级所共有的。谈到古代所有制的时候你们能理解的，谈到封建所有

---

① 习近平：胸怀大局把握大势着眼大事 努力把宣传思想工作做得更好，（2013-8-21）[2022-2-27]。

制的时候你们能理解的，一谈到资产阶级所有制你们就再也不能理解了。"① 原因便在于，人们的观念是人们所处的现实社会的产物，并随着现实的发展而发生变化。

社会热点事件的真实根源是现实的社会历史过程，在某种程度上是由它所代表的生产关系所决定的，或是对现实社会生活的一种反映，或是对社会经济生活的一种真实的反馈。在生产力发展的推动下，现存社会的关系应该进一步发展和变革，但又必须维系现存社会阶层的固有利益，使得现存的社会关系得以维系和发展。因此，在一定的社会阶层从自身的立场和观点出发时，必然要形成一定的理论作为支撑，并在这些理论的指导下进行相应的改造社会的活动，从而引发一定的社会热点事件。一个社会，一个社会中生活的各个人群，即使找到了社会发展的规律，还是会不断从自我主体需要出发去超越这些联系以寻求自身的利益最大化，从而引发了各种社会事件、社会热点问题。我们要从中寻找主要的意识形态问题，这种特殊的社会实践具有某种对未来的指向性，同时还构造出引导人们发展的理想的社会实践活动。它指向着社会未来发展的道路，指认的可能是未来社会发展的镜像，或是未来社会的真相。无论是何种指向，必然会从整个社会氛围和社会成员的思想意识的层面来引导社会成员观念的形成和认识的建立，并继而影响社会成员的行为选择，从而实现对当下社会热点问题和内容的超越。因此，在高校的思政课中充分挖掘时事热点资源，能够丰富教学内容，提高学生们对于热点背后问题的认知。通过充分挖掘热点事件，可以增强思政课的趣味性和实时性，深化理论的学习和理论的升华，提高理论课的时效性。

社会时事热点事件，涉及社会、政治、经济、文化、生态等各个方面的问题，充分体现着我们党和国家的大政方针政策、法律法规等，在主流价值观塑造方面能够起到引领作用。大学生的价值观、人生观和世界观还

---

① 马克思，恩格斯：马克思恩格斯选集（第一卷），人民出版社，2012，第417页。

没有最终形成，在社会思潮、社会热点和典型事件方面容易被一些错误的观点和舆论左右，我们在教学中深入挖掘这些资源并加以整理和分析，通过正确的引导和阐释，能够使学生们更好地关注社会、了解现实，掌握分析现实问题的方法和手段，形成个人的自我判断，摆脱现实问题的困惑，在参与时事热点问题和社会思潮的讨论分析中，树立正确的价值观，不断提升自我的思维能力、判断能力、创新能力、分析能力和联系实际的能力等，教师还利用了更为贴近现实、贴近学生、贴近生活的典型实例引导学生不断提高自我的政治觉悟。在高校思想政治教育中有效地引入时事热点事件作为教学内容，能够充分调动学生的参与性，发挥教师的引导作用，有利于帮助大学生明辨是非真伪、客观理性地看待世界、做出正确的价值判断和行为选择。培养大学生成为理性平和的社会公民，需要培养他们拥有理性的思维，而理性思维的培养不仅取决于知识结构，还在于现实中碰到棘手的人与事能正确地去分析、对待。通过对社会时事热点事件的分析，将理论知识与现实生活、感性认识与行为选择、价值理念和责任义务等结合起来，使大学生的思维变得比以前开阔、成熟、理性，使大学生对发生在社会和身边的事情，不再习惯于从单一的角度看问题，易受网络和他人的影响，让他们知道同一事件从不同的立场出发就会得出不同的结论，并学会从多个视角、层面去分析问题，变得不再那么偏激，有助于培养大学生成为理性平和、自尊自信、积极向上的理性公民。

在挖掘社会时事、热点问题、典型事件时要选择最近最新的内容，选择大家普遍关心的问题，选择存在重大争议的事件，因为教材体系根据逻辑关系是不能改变的，根据我们的专题任务可以选择随时发生、实时更新的内容，必须选择与时代同步、新鲜出炉的内容，拿旧的内容和事件说明理论内容是不能引起学生们的兴趣点的。我们通过挖掘时事热点问题和典型事件就是要引导学生们坚持正确的立场，典型事件示范效果强。代入感强、时代感强等多种能力，并加以分析和适度解决分歧，确保教学过程中很好地呈现出理论的阐释力，达到良好的育人效果。高校思政课就是要培养中国特色社会主义事业的接班人，但是社会热点问题的出现也会引起大学生思想上的混乱，特别是在一些别有用心的人故意掩盖事件真相时，学生们往往会得出错误的结论，要想避免这种情况的出现，就要深入挖掘时事热点和典型事件，提升教师自身的政治素养、政治鉴别力，具备坚定的政治执行力，在教学中引导学生在多元化思潮中保持清醒的头脑，具备明辨是非的能力和坚定的政治立场。在对学生进行教学的过程中，还要引导学生学会输出知识，对时事热点问题进行自我讨论、分析，确保学生们以后在单独面对类似事件的时候，也能够得出正确的结论，保持正确的政治方向。

三、利用地方思政资源

如何探索地方教学资源融入的优化路径与可行性方案，使思政课"活"起来、"特别"起来、"灵动"起来，是高校思政课改革理应聚焦和亟须破解的实践难题。中宣部、教育部出台的《关于进一步加强和改进高等学校思想政治理论课的意见》中指出，要不断完善高校思政课的学科建设、课程建设、教材建设等方面，并提出要坚持贴近实际、贴近生活、贴近学生。目前，我国高校思政课教学的大纲、教材是完全统一的，但是各个高校分布地区较广、具备不同的地域资源，而且每所高校都是处在一定的地域文化之中的，学生在日常生活、学习和活动中都会受到地方文化的熏陶和影响，并容易被地方的历史文化和知识所感染进而形成文化认同，因此，高校的思政课教学改革中融入地方思政资源是时代的迫切需要，将教学内容与地方特色文化进行有机融合，打造思政课的普遍性与多样性的统一，促进教材体系向教学体系的转化。

地方思政资源有历史传统教学资源和新时代改革发展建设实践教学资源，二者相得益彰，具有鲜活性、现实性、多样性、示范性等特征。前者是开展革命传统教育、理想信念教育、社会主义核心价值观教育和青年大学生传统文化教育的宝贵资源，后者是青年大学生开展改革创新、发展成就、现代化强国建设生动实践的鲜活资源，地方思政资源的价值就在思想政治教育过程中得以体现和完成，俗话说："巧妇难为无米之炊"，这里的"米"就是地方思政资源，"为"就是思想政治教育工作，而"炊"就是运用地方思政资源去实现思想政治教育的目标。无论多能干的媳妇也是做不出无米的米饭的，这是毋容置疑的。但是，如果巧妇有米而不为的话，也是做不出饭来的，因此，思政课教师要充分挖掘地方思政资源，将其有效融入思政课程之中。用好用活地方资源是高校思想政治理论课理应秉承的"扎根中国大地办大学"的使命与担当，是高校"特色办大学"的源头活水和构建"育人一盘棋"的必然要求，是顺应"供给侧"改革的战略性选择。唯有根植中国大地，汲取地方资源鲜活的养分，理论才有魂、有根、有源；唯有走出封闭的课堂，呼吸地方气息，与伟大时代的改革者、建设者同声合唱主旋律，教育才有特色、有灵动、有地气。

地方思政资源在某种程度上是文化多样性、资源多元化的具体体现，反应在教学上就要突出特色与教学目标的一致性，在目标设定上应该从地方资源的具体内容和文化的核心出发，以促进学生对地方文化的认知，增强对地方资源的认知度，培养学生对我国多元文化的热爱。将不同类别的地方思政资源与教学内容相结合，确定个性化的教学设计，突出教学目标的达成。在挖掘地方思政资源时要明确高校思政课教学目标的要求，要根据教学内容的需要选择适当的地方资源，不能随意选取，并且要坚持适度原则，不能将资源随意或是任意接入思政课，要与教学内容相契合，要与教学专题相协调，要与任务设定相适应，要与学生们的普遍认知、学校的地方特色相吻合，要确保所选取的地方资源能够最大限度地提升教学效果。

地方思政资源的形成与发展体现了当地人民不断奋斗的艰辛历程，具有丰富的人文内涵和历史财富。结合思政课教学的重点和课程特点，做到人民性与党性相统一，坚持师生共同发展为目标，充分发挥学生的主体地位，培养特色明显、专业突出、思想过硬的人才，将思政课真正办成让学生真心喜爱、终身受益的课程，就必须结合地方资源，突出学校特点。近年来，高校在开发利用地方教学资源的改革探索中形成多元实践模式和经验。如上海高校的"中国系列思政选修课模式"，充分挖掘上海社会主义现代化发展的教学资源、高校所在的行业资源、所有课程的思政教育资源，一校一特色，实现"中国系列"思政选修课全覆盖，被称为"高校第一课"。延安大学、嘉兴学院、临沂大学、井冈山大学等实施的"红色资源第二课堂现场教学模式"，开展理论与实践对接的现场教学。各个高校都在结合地方思政资源进行教学改革，因地制宜地挖掘具有较高育人效果的教学资源，针对学生的思想变化和普遍存在的问题，选择符合学生实际需要的教学素材，选择典型的、特色鲜明的内容引入思政课，根据学生个性化需求，做到因人而异、分层施教、个性对待，切实做到贴近学生、贴近实际、贴近生活，提升思政课的说服力和感染力。

思政课要求理论联系实际，坚持在实践中不断发展和创新理论，在挖掘地方思政资源时要坚持实践性，立足地方经济社会发展的实际，体现地方特色的相关内容，帮助学生更为直观地了解社会实际情况，帮助大学生更好更快地适应社会发展，通过直观体验的方法获得社会认同感，不断提升自身的思想观念和道德水平。浙江理工大学依托校内相关优势学科，凝练"红船精神"研究的特色学科方向，组织团队对"红船精神"内容与精髓进行整理、挖掘与整合，开发教学案例，修订课程教学要点和教学改革方案，将"红船精神"纳入思政课教学体系中，开展专题式、嵌入式、融合式课堂教学。组织校地专家联合编写有地方特色、有针对性、理论与实践相结合的"红船精神"相关补充讲义或教材。创新思政课教学形式，打破教研室壁垒，实施"大课程组负责制"，邀请地方领导干部、校领导、社科名家专家进课堂，适度打造"地方系列"思政选修课体系，开发录制微课和网课，创建网上地方资源教学库。延安大学就地就近优选并挂牌建设若干校外现场教学基地，校地双方应紧密合作开发现场教学的大纲、实施方案、规程和优质示范课，尤其是对接好思政课需要哪些"教育点"和地方资源能够提供哪些"实践点"这二者之间的契合度，以保证现场教学质量。在社会实践学分制改革实施中，开辟思政课实践活动基地，思政课教师全员参与指导大学生暑期社会实践"三下乡"活动和"社情民情"社会实践活动。根据时间的变化，思政课的实际情况和学生需求也会发生变化，对地方资源的要求也会随之发生改变。不同的历史时期和时间条件下，思政资源也会具有不同的时代特质，时代在不断变化和发展，思政教育的环境和条件也在发生变化，人的思想观念也在发生变化，因此，在利用地方思政资源时也要充分考虑思政资源的时间性和时代感。地方思政资源只有根据时空特性，尽力适应种种环境、运行状态以及受其影响的学生群体，才有可能使之自身的价值得以实现。地方思政资源的利用能否做到适得其时、适得其所，关系着思政资源是否能够发挥其功能和价值。因为在不同的时间、不同的空间，思政资源是具有不同内容和功能的，如果不注意思政资源的时空性和针对性，那么思政资源的功能发挥必然会受到阻碍。

地方思政资源的类型、形态都比较多样化，在引入思政课过程中挖掘资源要全面，要有区别地利用，不管是人物、事件、文本、影像、古迹等，只要有利于提升思政课教学效果又能与课程内容相契合的都要充分挖掘，并在利用形式上有所创新。而且随着社会不断发展，地方思政资源也会不断发生变化，总有一些未知的资源需要我们进一步挖掘整理和创新，况且地方思政资源的挖掘和使用不是一蹴而就的，需要我们长期努力，保证思政资源的可持续性，促进高校思政课教学的时代性和实效性。思政资源的形成、存在和发展总是以一定的社会需求和思政工作的要求作为标准，只有与社会需求和价值取向相一致的资源才能成为可以使用并能收到实效的资源。在新时代，随着科学技术的迅猛发展和观念的不断更新，各种思想、观念和文化相互撞击，在这种情况下，新的思想政治工作需要的资源更是不断更迭。这就要求我们充分利用地方思政资源既要发现可兹利用的地方，还要善于把握思政资源的发展趋势和总体情况，充分、及时、全面利用这些此时能够用来作为思政课内容元素的资源和条件。地方思政资源是一个由众多具体形态的思政资源汇集而成的一个相互联系的整体，这些不同形态和类型的资源，在一定范围和程度上存在着交汇区，即使不重合交汇，它们之间也是或多或少的有一定的关联互补性。我们在利用地方思政资源时，要根据资源的联系性加强对其利用的互补性，毕竟整体功能的发挥和实现要依赖于整体中各个元素的相互联系和相互作用。

第三节　推进思政教学模式创新

一、推进教学模式链条化改革

思想政治教育的主体包含着教育者与受教者，即师与生两个方面，即学习过程中现实的从事认识和实践活动的人。只有充分发挥他们的能动性、积极性和创造性，才能推动思想政治教育不断向前发展并取得实效。思想政治理论课的链条化改革就是要提升教育主体的内生动力，激发两个主体的活力和主动创造力，并能够根据教育者与受教者的实际需要提升思想政治教育的针对性和实效性。"所谓链条化就是在教学模式改革中，根据学生的心理特征和成长规律，遵循思政课的教学规律，将学生的知、情、信、意、行相衔接的内容串成一个链条，融合多种教学方法与教学模式，循序渐进地将教学内容纳入其中，实现知行合一。"[①] 学生所面临的矛盾和问题也是自我发展和外部需要的矛盾，当前，思想政治理论课不断改进教学方式和手段，努力提升教学吸引力和亲和度，着力培养学生们在思想政治理论课中的获得感。链条化改革就是从用好外力也激发内力的视角进行深化教学模式的改革，有效地解决了师生发展所面临的以外部推动和

[①]　董前程：高校思想政治理论课教学模式改革研究，中国社会科学出版社，2018，第140页。

保障为主的"要我学"向内部推动和保障为主的"我要学"的问题。

知、情、意、行构成了人的主要学习动力，认知是基础，起着主导作用；认知影响情感、情感作用于意志，同时三者交互作用。主体认知是人对自己及其客观世界关系的认知，在不断进行主客观世界的认知之下，比较得出了实然之我与应然之我的对立统一，并在此基础上反思自己的行为与思想。自我认知是自我意识的一部分，在某种程度上也等同于自我意识。人有了自我意识，并对自我有了明确的自我认知，才能够从"自在"的存在转变为"自为"的存在，从被动接受评价转变为主动、自觉的选择、认同、践行。通过自我认知，思想政治教育的双方主体能够将自为存在作为一个标准，使得人在这个基础上不断进行自我调整，实现自我的转化，不断超越自我，推动自身发展。人的感情与自我认知紧密联系在一起，人在开展一些认知活动与实践活动的过程中，都具有一定的情感。这种情感或情绪是人在认识客观世界的基础上所形成的态度和心理反应。

情感是对物我状态的主观体验，在心理层面反映出一定的主观感受、态度和评价，是一种非理性的状态，可以表现为喜、怒、哀、乐等。情感可以激发出人的情绪反应，并进一步激发出人的行为。正向的情感可以激发出人正向的动力，推动人行为更快地形成；负面的情感可以鞭策人产生正面的行为或使人规避负面的行为。恩格斯提出，热情就是一个人努力达到自己目标的一种力量。列宁曾说："没有'人的感情'，就从来没有也不可能有人对于真理的追求。"① 可见情感是人的形成产生的内在动力，能够催发人开展活动的积极性和主动性。思想政治教育塑造的情感就表现为人自身对相关要求的一种主观的感受、态度和情绪，从而在心中产生出对思想政治教育活动及其价值的评价。自我情感作为主体的内在动力，能够有力地激发人由内而外、自觉自愿地开展相应的活动，从而提高活动完成的质量；也是维持人进行自我认知持续保持的要素，良好的自我情感能够促

---

① 列宁：列宁全集（第25卷），人民出版社，2017，第117页。

进学生将更多的注意力和精力放在教育本身上，从而保证思想政治教育的顺利开展并收到实效。

意志是一种行为动力，对主体产生行为具有推动作用。自我意志是一种心理表现或是心理过程，这一过程主要是人从主观意愿向满足需要的过程，是从思想的确立到行为的实施的过程，是人的动机形成到目标实现的过程。也就是说自我意志是推动人从知到行这一过程的决定性要素，没有意志也就没有愿望的实现和行为的产生。因而，自我意志也是主体的内在动力。意志作为人的内生动力，具有激励和抑制两方面的作用，正向的、积极的、良好的自我意志，能够推动人按照既定的计划与目标开展实践活动，同时也能够强化人们实现思想政治教育目标的动力，或使人保持积极的状态，最终促进其能够以较高的标准和较严格的要求，保证自身发展和完善的目标达成，从而推动思想政治教育的顺利开展和持续进行。人在接受思想政治教育的过程中，可能会遇到外部客观条件造成的障碍，也会受到由自身内部主观心理活动中如情绪、态度等方面的消极影响。在这一过程中，意志的激励作用能够助推人不断克服困难并实现目标要求，意志的抑制作用能够制止主体产生与实际要求所不一致的思想或行为。意志的激励或抑制作用能够推动人不断向前发展，成为其内在发展的动力。

行为是知、情、意的落脚点。认知、情感、意志毕竟都是精神层面的潜能或是某种趋向，还不能成为推动思想政治教育所要培养人达到的目标或是本质。知、情、意展现了主体对思想政治教育的认知和认同。"行"是主体由认同到实践的过程，展现了主体对思想政治教育培养目标的完成，是人的认同归宿和自身发展的开始。要想使思想政治教育产生实际的作用，就必须发挥人的主体能动性，使得主体的积极性、创造性、能动性在具体的行为中展现出来。毛泽东曾强调，"辩证唯物论的认识运动，如果只到理性认识为止，那么还只说到问题的一半"。[①] 实践行为是认识活动

---

① 毛泽东：毛泽东选集（第一卷），人民出版社，1991，第292页。

的目的和归宿，需要人在知、情、意的基础上外化于行，使之成为思想政治教育过程中的自觉行动。认知、情感、意志、行为的存在和作用发挥是相互联系的，认知是情感与意志的基础，离开了对客观事物的科学认知，情感无从产生，意志无从确立；主体通过拥有明确的自我认知形成了明晰的自我发展方向。情感源于认知，认知只有上升到理性的高度，才能产生更为稳定、持久与深刻的情感体验。通过拥有对思想政治教育的情感、情绪，形成行为产生的意愿和倾向，意志也是产生于目标及实现目标过程的科学认知的基础之上的，而对该目标及实现该目标的情感取向则是意志能否产生以及坚强与否的又一个重要条件。最后通过意志的调节作用使得人实现从思想到行为的转化、从动机到目标实现和知情意的统一。

　　坚持思想政治教育的系统性和层次性，就是既要明确其作用发挥并非单独一个要素的作用，而是四个要素的共同作用；又要明确四个要素在这一有机整体中各自发挥出的不同作用。主体需要是核心，需要是形成人的动力机制的基础，有了对解决主体自身矛盾的需要后，才会有强烈的动机产生，从而能够设定出相应的目标，拥有了进一步发展和提升自我的动力源泉。主体认知是基础，思想政治理论课的目标就是要人产生自我需要、自我情感和自我意志，这些都必须建立在已经产生的对主体自身内外部矛盾的明确认识上。只有在认知的基础上才会产生解决矛盾的需要、情感和意志，主体对实现自我理想的距离进行合理评估原则，对要实现的思想政治教育目标进行评价，才能对主体发展的方向进行预判。主体情感是助推力，积极的情感包含正向的情绪、饱满的兴趣等方面，能够对主体的发展起到增强或是激励作用。主体所拥有的情感越强烈，其内在动力就越大，进而个人发展目标实现的可能性就越大。主体意志是保障，人的内在动力是在思想政治教育过程中所形成的各种影响和激励作用，可以通过人所拥有的坚定的意志得以保障。主体行为是落实，人的内在动力只有将对知、情、意的需要转化为现实的行动，才能实现人的自我发展。各要素的作用发挥有先有后形成一个逻辑系统，一环扣一环，上一个要素的出现是下一个要素出现的前提，具有一定的递进层次性，形成一个相互衔接的链条，共同推动思想政治教育的目的的实现。

二、推进教学模式专题化改革

思想政治理论课是一个双向互动过程，不是一味的满堂灌、一言堂，要本着教师主导、学生主体的原则，尊重学生的性格、知识储备、经验等，围绕这些建立课堂学习规则和学习方法，努力信任、包容、理解学生，鼓励学生参与课堂教学。改革现有教学模式，其中最为有效的就是专题式教学模式的使用，能够提高教师期待，满足学生期望，让学生亲其师，从而达到信其道的目的。

专题化教学改革体现了融合性教学参与的教学方式，充分激发学生与教师双方的活力，将倾听和表达有机融合起来，教师进行知识的输出，学生全神贯注地聆听，建立坚实的理论基础，进一步思考、质疑、厚积薄发，形成深度的知识理解和思维锻炼。教师在教学过程中，要给学生留出适当的空间，让学生们深入地思考，经过深思熟虑之后去表达自己的想法、收获或是疑惑等，这可能就要经过学生吸收知识、进行回顾性反思、解决当前问题的反馈等过程。教师要让学生们参与到课堂中来，组成课堂讨论小组，精心组织不同的小组成员，让不同性格的人参与进来，为每个人提供表达自身的机会。教师在专题式教学过程中加入多个模块来增加知识的趣味性从而吸引学生积极融入课堂，比如学习分析、问题设计、案例解析、问题演绎等，用学生们自己制作的视频来解决现有问题或是引入课程内容等，用学生的调研报告作为例子，用一些流行语、网络热点或是学生们关心的问题来展开话题讨论，利用数字资源形成强大的教学工具，充满探索知识的可能性。当然，教师也要充分考虑学生们的承受度与输出能力，给学生们充足的时间，让学生们经过详细思考后进行输出，从而达到深度学习、创新思考的效果。

自 2020 年以来，线上教学成为一种常态，教师与学生利用专题形式通过网络加强了双方的互动交流，利用数字化媒体技术和网络化技术进行跨时空的网络化、多媒体互动。教育活动、媒介技术和社会交往彼此相互交织。2020年1月，教育部发布了"停课不停教、不停学"的通知，并对特殊时期高校的工作方式进行了指导。在此背景下，网络教学成了一种改革的方向和常态化教学方式，在教学的质量、效果、模式等方面都获得了较多的经验。在线上学习过程中，学生们需要提高自己检索知识以及创新知识的能力，将自身内部的学习网络与外部学习系统联结起来，学生在在线学习过程中，可以随时随地地通过在线检索工具搜集来自不同渠道的学习资料，不断地进行知识的交流、反思，对学生们的思维培养、情感塑造产生了正向的影响作用。在线学习中师生交互包括了教师引导、教师反馈、教学策略、教师评价等四个方面，教师在促进研讨、提供直接指导和引导、给学生反馈方面起到关键作用，学生们交互影响包括了在线讨论、同辈反馈、小组合作和同伴评价，促进自身学习习惯和逻辑思维的养成。教师与学生都要积极转变身份、转换角色，强调学生为中心、师生共同成长，充分信任学生，给予学生一定的发言权，针对不同类型的学生的学习需求构建任务，设立有选择的课堂机制，鼓励学生积极热烈地参与讨论，也充分允许学生适当的保持沉思。因此，学生们要跳出以教师为中心的师生关系，积极主动地学习，将教师看作是学习的引导者，在引导下积极参与在线学习。一切高阶思维都是通过社会活动产生的，与环境中的人进行交互是思维培养、情感塑造和价值观养成的重要环节。师生之间的互动尽量避免学生将自己看作是单项的接受者，忽视了自己学习的主动性，与教师进行双向交互的需求。转变教师的教学理念，树立新的在线教学交互的观念，树立以学生为中心的价值取向，为学生创造有利于交流的空间氛围。教师应该积极主动参与到学生的在线讨论中，与学生分享自己的观点，要注意对学生提问进行及时反馈，使学生在与教师互动的反馈互动中发现自己的不足，进而进行深度反思。教师应当适当对学生进行评价与鼓励，通过网络技术手段增强师生联系，除了增加师生互动频率外，更重要的是提高师生互动质量，营造让学生和教师都感觉愉悦的交流氛围。在线学习的实践中，应该多组织在线讨论，通过讨论使学生们集中注意力，使学生们能够分享自己的观点，并且倾听其他学习者的观点；鼓励学生对其他人的观点发表不同的看法，并进行讨论，教师注重学生的小组合作能力，通过布置小组作业的课堂展示活动等合作任务，来促进学生们的交互活动。在在线学习的过程中还应该营造在线学习的共同情感体验，鼓励学生们在彼此信任的情感环境中，建构并不断论证自己的想法，实现个体意义建构向社会意义建构的转型。

专题化教学改革模式中教师要明确自身的职责定位，教师是教学的重要引导者，而学生是课堂的主导者、合作者、参与者。不管是线上还是线下的教学过程中的互动模式，提高教学效果往往需要对教学资源进行重组和归纳，教师是课程资源的整合者、再造者、设计者和实施者。教师更是课堂教学的组织者、引导者和支持者，在课前教师根据学生的特点进行总体规划，设定教学目标、制定教学流程，利用网络资源或是智能资源营造一个现实的呈现环境，让学生们尽量参与到教学过程中来，综合利用各种互动功能，吸引学生的注意力，增强课堂的交互式体验。教师更是价值观的交流者、中国社会的解读者，校内外生活的指导者和学生实践的帮助者、支持者，传统的人与人的教学关系转变为人与人、人与技术的深度合作和交流关系。专题内容的设定是教学改革核心和灵魂，根据实际内容和教学设计选取适宜的材料；教学过程中采用的案例和事例要贴近学生们的实际生活，才能吸引学生，引发学生的不断思考，激发他们深入研究的热情；专题的题目与内容的选择要完全具有典型性和适应性，将理论知识的学习与内容完美结合，在某种程度上要具有辐射带动作用，能够引发其他知识的学习；教师要扮演好导演的角色，引导和激发学生，让学生们能够学得进去、动得起来，成为课堂的主角。

高校思政课的专题化教学改革就是提高思政教育对学生们的吸引力，坚持以人文本，深入推进师生共同成长的目标，使受教育者主动接近、认同教学目标，思想政治教育的个人价值和社会价值的统一、受教育者的情感共鸣、教育者的亲和形象共同构成了高校思想政治教育的改革方向，思政课教学效果的提升离不开正确的认知、积极的情感体验和个性化需求的满足程度。高校思政课专题化改革既是一个理论问题也是一个实践问题，不断坚持政治统领、与时俱进和以人为本的原则，对高校思想政治教育各个要素进行提升，高校的教师做好引路人，教育内容积极融入现实世界，思政课教学模式协同创新、教育环境助力育人成效。

三、推进教学模式驱动化改革

随着高校的扩招，高校教育已经从精英教育向大众化教育转化，现在的学生们对于思政课的要求也是随着时代的发展在不断提升，因此，思政课项目化改革也应该符合个人潜能发展、自我价值实现和综合能力提升，适应社会发展的需要，真正让学生们有所得、有所获，培养出为社会主义服务，兼具知识和能力的高素质人才。课程目标应该根据学生的兴趣和潜能去设计相应的项目启发学生的热情，注重课程的个人培养价值，强调学生最终价值观塑造的目标，课程目标要与学生的个人生活、学习习惯、社会实践相结合，这样的设计才能让学生发现课程的价值和意义，从而打动学生、感染学生，推动学生自主去学习。学生通过特有的项目完成相应的任务才能激发学生自主学习、自主探索的欲望，催发学生学习的内驱力。同时，我们根据学生的实际需要和社会发展的现状，专题任务的内容也随时进行更新，因为教学本身就是一个动态过程，学生学习也是一个动态接受的过程，专题项目的确定也及时吸收新的认识、新的观点和前沿成果，选定的内容也不应仅仅停留在向学生传授已有的知识，还要及时引导学生接受最新的科学研究成果、学术观点和前沿动态，启发学生深入思考，激发学生的探索欲望、求知欲望和学术钻研精神。项目内容的确立还应与社会热点问题和社会实践相结合，为学生进行社会实践提供切实的分析问题、解决问题的工具，因此在内容的使用和编排上不仅包含系统的理论知识，更应具有学术的前瞻性，将学习内容与社会实践和现实生活结合起来，使学生能够在现实情景中实现知识与实践的结合，帮助学生迁移运用教材知识解决真实情景中的实际问题。

项目驱动式教学法的推行，就是从教师与学生的角度进行课堂革命，教师以课堂引领者的身份去激发学生学习的热情，学生则是学习的主导者，是课堂教学的重要合作者。教师为了提升课堂教学效果，不断创新课堂参与项目，提高教学互动，因此需要对课堂教学资源进行积极重组。教师是课堂资源的整合者、再造者、设计者，也是课堂教学的组织者、引导者、支持者，在课前教师根据学生的实际能力和表现力设计教学目标、制定教学流程，通过项目尽量设计一些与学生们自身相关的项目，利用各种参与互动活动，吸引学生兴趣，增强课堂的交互体验。我们利用项目积极推动学生们充分利用教学资源，布置预习、复习任务和课堂练习活动。教师更是价值观的引导者、交流者和示范者，中国社会的解读者和中国模式的宣传者，校内外活动的指导者以及对学生技术使用的帮助者、支持者，传统的人与人的教学关系转变为以技术为媒介和以项目为桥梁，实现人与人、人与技术的深层复合关系。

教师在整个教学过程中起到的作用是引导作用，教师并不明确呈现教学活动目标，但是需要首先明确教学任务和任务目标，教师与学生在课堂上的地位是平等的，教师一直处于引导学生一步一步完成任务的状态，任务之间是一环扣一环的，教师积极为学生创造合适的学习环境，学生们积极参与的学习状态贯穿整个教学过程，通过任务的设置、任务的准备、任务的完成过程，使学生在做功课的同时掌握知识目标的用法，学生在学习过程中有无限的自我发挥的空间，可以抒发自己的感想，发表自己对事件、人物的看法，提出自己的创造性意见并且加以合理的阐述，建构主义理论和人本主义理论都强调了学习过程中外界学习环境的重要性，好的外部环境可以加深对于学习者心理的刺激，从而帮助学生更加成功地进行意义重构。在学习方面，教师十分注重对于合作性学习和自主性学习的训练，学生在学习知识的同时，也可以训练以合作的方式解决问题的能力和自主性思考的能力，对于日后的学习发展与成长很有帮助，即使在完成任务的过程中遇到了挫折和失败，让学生们了解因为任务失败而必须承担相应的后果，这也是一种很重要的宝贵学习经验。因此可以总结为这种模式下是学生在教，而教师在学，学生是课堂中最大的获益者，这种教学模式更有利于学生综合素质的提高。任务驱动教学的实施是以学生实际运用知识为主要目标的，学生学习方法的运用与教师教学引导相互启发，学生之间的不断交流行为贯穿整个教学过程，通过交际或活动，最终使学生掌握知识或是理论的使用方法，能够达到教学的主要目的。在任务驱动的课堂中，教师不再占据主要地位，教学的中心是学生，教师起到鼓舞、引导的作用，通过引入话题、鼓励学生发挥主观能动性，利用目标语言，进行相互交流与合作，从而完成教师布置的任务目标。在此过程中，学生不仅锻炼了知识的使用能力，同时也有利于小组合作精神和互助式教学习惯的培养。在课堂教学过程中，教师会尽量创设适合学习的环境，课堂的学习气氛比较轻松，学生始终处于积极的学习状态，这种学习环境以及精神状态对于学生进行知识学习与转化非常有帮助。

任务驱动教学方法的实施，在任务开始前，教师主要是下达教学计划和目标，介绍学习背景、材料的选取初衷，让学生明确所要学习的知识结构和产生的背景，对于将要完成的任务有初步的了解，通过对于新知识的"同化—顺化"的过程，完成自己对于新知识的理解。因此，教师在教学过程中首先需要带领学生对旧的相关知识进行复习和回顾，帮助学生唤醒记忆库中储存的知识，带领学生了解新的知识，扫除学习过程中基础知识的障碍和困惑，这样可以使学生将注意力集中在所学习的课程上，强化学生的学习动力，提高了学生的学习兴趣。在任务实施的过程中，教师需要关注学生对于知识的掌握程度，是否能够掌握基本的教学方法，能否灵活运用到实践中去。任务选择和任务设定极为关键，任务的难度和学生当下的认知水平、知识掌握程度直接决定了课程学习的效果。新的知识与已有知识之间是有一定差距的，只有合适的差距才能让学生较好地完成既定的任务。如果任务难度过大，学生无法通过自身的努力和知识积累去完成任务，就会挫败学生的自尊心和自信心，造成一定的学习障碍。如果任务难度过低，学生则会容易产生厌倦情绪，丧失发挥才能的兴趣。现在教师可以借助一些网络技术，加强对学生的全面了解以及个性化的发展需要，及时与学生家长进行有效沟通，及时了解学生的学习状态和课外学习的时长与进度，从而对学生已经学习掌握的知识有一个大致的了解和掌握，能够为学生制定和设计适合的学习任务。任务完成的展示环节，是任务小组或学生个体向教师和同学们展示任务完成的过程和形成的成果，在这个过程中，学生能够单独表述相应的知识和任务完成的过程，提高了知识的认知度，同时教师也能够看到学生在运用过程中强化了知识的接受程度，整个活动的过程可以视为学生进行知识转化并灵活运用的过程。教师可以通过引导学生以挑错误、辩论、观点反驳等形式来加深学生的记忆，进一步提高知识输出量，学生在反思、分析自己在完成任务过程中出现的不足、错误和问题的同时，也可以更加理性地认识自己，是对提升的自身知识过程。

第五章

专题任务驱动下高校思想政治理论课教学模式改革案例解析

近年来，伴随着党中央对高校思想政治工作的高度重视，各地加强了对高校思政课的改革力度，也逐渐涌现出了一批卓有成效的改革方案。如浙江大学宁波理工学院采用"师生沙龙""微化教学方式创新"等项目，通过师生互动、微信订阅号平台、课堂微辩论、微访谈、微电影、微公益等来解决思政课内容枯燥、教学手段传统、学生参与度低等的问题；福州大学开设思政课"舞台课堂"，如通过以"青春思索"为主题的思政课成果大赛，让同学们围绕"医疗体制改革""和平外交政策""文化软实力"等社会热点问题，通过情景剧、主题辩论等方式阐述观点，来展现当代大学生对祖国命运和时代命运的关注；北京市教工委"名师工作室"的冯秀军团队探索了"问题链教学法"，教师把每次的教学内容都设计出内在逻辑关系严密的一系列问题，随着问题的抛出，学生也不断加深思考；西北大学的王强教授运用叙事式教学法以"讲好故事，说清道理"的方式提升思政课实效。叙事式教学法就是强调讲好经典故事、历史故事、现实故事和身边故事，让学生先在故事中感受、体悟，引发思考，从而主动地在教师的指导下追溯、探索故事的指向以及蕴含的理论原理。北京航空航天大学的高宁老师提倡重视思政课教材、重用思政课教材，"用精准的思想地图带领学生欣赏理论胜境"。他认为思政课教材就是一张漂亮而准确的思想地图，上面有各种景点，老师的任务就是帮助学生规划不同的游览路线，并对学生进行引导，当在这条路上遇到少数的志同道合者，老师可能会从导览者变成共同参观者。上述思政课教学研究所取得的成效表明，思政课教学只有在改革创新中才能不断取得实效。本章将结合河北金融学院近几年来在思政课教学改革方面所做的努力与探索，综合分析基于专题任务驱动的思政课教学改革的若干案例。

第一节　基于项目驱动的
高校思想政治理论课教学改革模式探索

河北金融学院以思政课教学改革项目为契机，初步构建出基于项目驱动的高校思想政治理论课教学改革模式的实现路径与策略框架，以此框架对该体系进行更深入的研究，并结合教学实践进行了实施。

一、专题项目驱动模式的思政课教学实践探索

过去几年，河北金融学院马克思主义基本原理课程倡导"在活动中学习、在实践中体悟，坚持理论联系实际"的教学方式。在重视教学内容科学性、思想性和生动性的同时，着力在教学模式和方式方法上作新的探索。在教学模式上，力推"翻转课堂"教学。有效整合"课上课下""线上线下"协同推进，将课下知识性学习和课上活动性探索、线上问题式考核与线下实践性反思相结合。以"无领导小组讨论"为主要形式，将"案例式理论研讨"和"课题式实践考究"相结合，鼓励老师在案例式理论研讨后积极以项目形式带领学生参与大学生"挑战杯""调研河北"等课题申报。通过项目团队研究、撰写调查报告、师生互动表现、期末知识考核等方式综合考查学生学习效果，其目的是进一步把马克思主义基本原理课程的理论知识与社会的实际、学生的专业相结合，让学生更深刻地领悟理论的真谛、知识的魅力。在教学方式方法上，注重运用案例教学法、专题讲座法、辩论教学法等多种教学方法和手段，广泛采用以学生为课堂主体、教师为教学主导，充分发挥学生在课堂上的积极性和主动性的授课模式。近年来马克思主义基本原理教研室打破教材章节限制，将课程内容分

为 14 个专题，并按照专题教学模式制作了教案、课件，实施了专题教学。2016 年暑假，我们又以 14 个专题为依据，分别制作了课前任务单、课中案例库、课后作业等教学资料。

但在实际教学过程中，又发现了一些在教学改革中存在的问题：一是虽然教师准备了充足的教学资料，但对这些资料的运用不够合理，究其原因，在于教师并没有设计好教学环节和教学流程；二是对教学资料的选取不够新颖，感染力和说服力存在一定局限；三是学生实践教学环节重视不足，呈现出了只重视理论教学，而轻视了理论教学与实践教学之间的无缝连接，对学生实践能力培养和价值观塑造做得不够。

鉴于以上问题，本项目的实践阶段，采取分步骤、分阶段，按照专题项目任务驱动的方式进行初步运行，针对小范围初步运行的结果发现并解决该体系存在的问题，进一步完善这一教学模式的实现路径与策略。逐步扩大基于项目任务驱动的思想政治理论课教学改革模式的应用范围，根据运行结果的反馈不断对实现路径进行完善、优化，使之更加成熟化，最后对基于项目任务驱动的思想政治理论课教学改革模式的实现路径与策略进行深度推广应用。

二、项目驱动式教学模式的内涵及思政课教学流程

（一）项目驱动式的基本内涵

本项目以"深化学生哲学理论知识、历练学生创新思维、提升学生实践能力，力求达到因材施教、个性发展"作为教学目标，倡导"自主—合作—实践"模式。自主即讲授环节教师讲授和学生自主学习相结合；合作即学生在研讨环节上以合作方式学习，具体以小组案例分析、团队主题研究和综合测评等课堂活动开展，充分挖掘学生的团队合作能力和组织协调能力，做到让学生在活动中学习。授课教师在课堂上将主体让位于学生，转变为主导作用。实践即学生在实践环节依据理论知识参与社会实践活动，切实做到理论联系实际，实现在实践中体悟理论知识。在具体实施过

程中坚持"三个结合"。一是结合各个专业和学科特点，组织教学相关内容，为各专业做好理论支撑，切实实现提升学生的实际操作和解决具体问题的能力。二是结合学生的思想实际，进行有针对性和实效性的教学活动。大学生是思想理论教育的对象和受体，我们通过课内、课外的各种方式的引导，深入了解当代大学生的人生经历和思想实际，增强教学的引领作用。三是结合社会科学、自然科学的最新理论成果进行教学。用最新的理论成果充实教学内容，以增强课程教学的说服力，努力做到理论知识和思想教育与实际成果的有机结合，使课程既具有思想性和知识性，也具有较强的实用性，凸显理论知识的运用对于现实世界的指导意义。鉴于此，项目团队经过集体研讨，确定了课程设计方案。

（二）项目驱动式的教学流程

在项目驱动的教学过程中，教学以专题目标内容作为纵向坐标，以学生接受任务驱动作为横向坐标，形成一个动态流程。专题目标内容的设计，以课程教学目标为基础，结合学生专业特征和学生实际情况来确定；任务的完成方式在教师制定的原则下，学生自行选择，发挥学生的主观能动性。整个任务的实现过程由学生自主完成，通过学生互评、自评、教师点评等立体化评价方式，检查学生的学习情况和教学目标的实现程度。本项目主要以项目为设计基点，所有教学环节均以项目设计为核心。具体教学设计方案如下：

1. 课前准备设计：以项目驱动为基准的专题+团队式设计方案

以全国统编教材基本思想为指导，彻底打破教材章节限制，组建若干项目，再以项目设计为基准，重新组建专题。专题内容设计要符合教材基本思想，但并不局限于教材内容，可以根据学生的专业实际、兴趣爱好和社会热点问题进行补充和完善。每一专题的内容的设计与撰写要由有专业背景的教师团队来进行，以保证专题内容的科学性、合理性和亲近性。

2. 课中教学环节设计：基于项目驱动的"三位一体"设计方案

在具体教学环节中，以项目驱动为基准将教学环节设计为"讲解环节""研讨环节""实践环节",力争实现理论与实践相统一、项目与价值观教育相统一。

讲解环节:主要是由不同教师团队讲授不同专题,实现专题讲授的专业性和统一性。专题项目实施阶段分为三个具体实施过程:①课前自主学习。利用网络媒体资源设置学习任务,让学生自主学习,在线讨论、答疑。②课上学习共创。这个过程分为以学生为中心的专题项目与任务驱动。专题项目是指教师按照授课计划进行专题讲授。鉴于专题项目授课,我们不再对原理及知识点部分做详细的讲授,而是突出重点,以点带面。任务驱动主要是两种,一种是指以小组(6~7人为宜)为单位,每一组都会有相同或不相同的小组任务。教师在3课时的授课任务中,以2课时做专题讲授,1课时做小组讨论或小组实践活动。以头脑风暴、身体体悟或作品呈现的方式对专题内容进行消化、吸收甚至再创造。一种是以现代教学手段为依托,如建立云课堂,在云课堂上发布问题,学生现场答题。在这个过程中教师以学生为主体,本着与学生共创课堂的出发点进行授课,鼓励学生团队合作,教师协作,将课上所学应用于实践,实现理论与实践的无缝对接。实践证明,学生的学习热情空前高涨,教学效果有效提升。③课后作业。内容整合之后的专题讲授,知识重点突出,内容精简,课程精讲。为了弥补学生知识不足的短板,课后作业依托云课堂以主观题的形式覆盖教材其余部分内容,作为考核依据计入平时成绩之中。

研讨环节:主要是基于项目设计的主题进行研讨,研讨形式为"无领导小组讨论"。学生主体、老师主导,整个任务的实现过程由学生自主完成,研讨结果最后由每组小组长进行汇总汇报,各小组之间进行互评、自评,最后老师点评。每一小组在研讨环节要设计出实践环节的主题、形式等具体内容。

具体如下图所示:

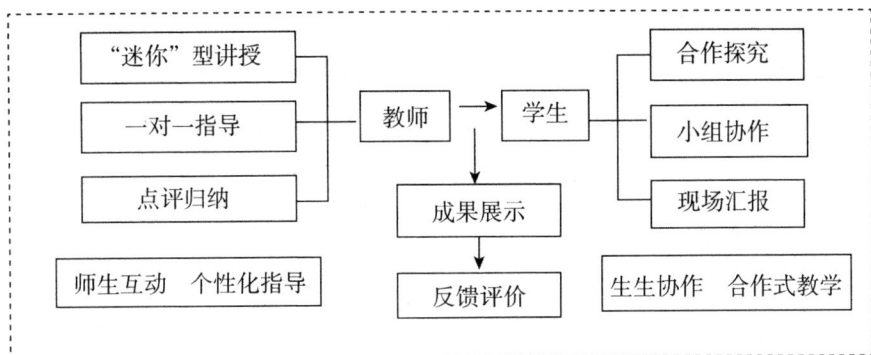

图 5-1 研讨环节过程

实践环节：根据每小组在研讨环节所设计的实践主题、形式进行展示，展示地点不局限于固定教室，可以在校园、操场、办公室等能够调动起学生积极性的场所。实践主题必须围绕项目任务，实践形式可以多样化，如 PPT 展示、情景剧表演、微视频录制、主持访谈、演讲辩论、调查问卷等。

3. 课后考核方式设计：注重综合考察的"四位一体"考核方式设计方案

马克思主义基本原理课程是一门理论性、抽象性较强的学科，传统课堂的考核方式难以衡量出思政课教学育人的实质效果。因此过程性考核成为必然趋势。过程性考核重在考察学生平时表现，动态监测育人效果并成为常态趋势，能够比较稳定地测量出学生对原理课程的知识理解程度与认同程度，并且能够区分出小组与小组之间的优良差距。本项目综合考核内容既要考察学生所学理论知识，同时也要更加注重对学生分析能力、创新能力、实践能力、综合运用能力、评价能力进行全面考察。课程考核的目的主要在于深化学生理论知识、历练学生创新思维、提升学生实践能力，力求达到因材施教、个性发展。最终考核权重分配如下：（1）平时成绩占总成绩的 75%，主要包括：课堂表现（25%）、无领导小组讨论（25%）、实践展示（25%）；（2）期末成绩占总成绩的 25%，主要采取考试形式。

平时成绩主要体现在日常教学过程中，其中课堂表现主要考察学生在讲授环节的考勤、发言等表现；无领导小组讨论成绩主要是考察学生在研讨环节中的表现，这一成绩由各小组的学生根据每一位同学的实际表现自主给出，教师不干预；实践展示成绩主要考察学生在实践环节的表现。在每一环节记录并要求学生完成一定工作任务作为衡量每一位同学最终成绩的一部分。此部分共占据总成绩的75%。期末成绩在考察学生基本知识、基本理论和基本技能的同时，兼顾对学生分析问题和解决问题能力的考察，故多采用灵活的主观题型，鼓励学生提出创新见解。期末成绩占总成绩的25%。

三、项目驱动式教学模式的改革成果

（一）以专题式项目任务教学驱动、学生主导的方式推动教材体系向教学体系转化，使整个教学环节具有探究性和合作性。

自课题立项以来，为把"马克思主义基本原理概论"课程打造成启迪心灵、陶冶情操和价值观塑造的智慧之课，课题组围绕项目实施计划认真开展研究和实践。一是设计制作并实施了基于项目驱动的专题授课资料（讲稿、课件、案例集）。2017年，以全国统编教材基本思想为指导，彻底打破教材章节限制，组建若干项目，再以项目设计为基准，重新组建专题。专题内容设计基本符合教材基本思想，但并不局限于教材的限制，根据学生的专业实际、兴趣爱好和社会热点问题进行补充和完善。每一专题的内容的设计与撰写由具有专业背景的教师团队来进行，保证了项目专题内容的科学性、合理性和亲近性。二是设计并实施了基于项目驱动的"讲解环节""研讨环节""实践环节"的"三位一体"设计方案：讲解环节：设计并撰写出了7个专题讲稿和课件，每一个专题讲稿和课件由不同学科背景的教师来承担，确保了知识内容的专业性、科学性与统一性。专题式教学理论和实践的具体知识模块分为14块：①告诉你一个真实的马克思；②哲学与生活；③意识是人所特有的精神活动；④辩证法：生活的逻辑与

人生态度；⑤实践出真知；⑥社会历史观的哥白尼革命；⑦斯芬克斯之谜的科学解答；⑧政治经济学的历史与理论；⑨商品经济和价值规律；⑩货币与现代社会；⑪资本主义的历史与现状考察；⑫社会主义的历史与现实；⑬共产主义与人类社会；⑭马克思主义与青年成长。具体授课安排如下表：

表 5-1 课程教学进度安排

周次	授课章节	具体内容	教学手段
第1周	（一）告诉你一个真实的马克思	1. 真实的马克思：从一位浪子到一位骄子； 2. 伟大的思想：盗取火种的"普罗米修斯"； 3. "幽灵在微笑：游荡在世界中的共产主义"	课堂讲授 案例分析
第2周	（二）生活智慧与时代精神	1. 哲学与生活； 2. 哲学与世界观； 3. 哲学基本理论； 4. 哲学与时代	课堂讲授 案例分析
第3周	（三）意识是人所特有的精神活动	1. 意识与人的智慧； 2. 意识的本质与现代人工智能； 3. 潜意识与梦	课堂讲授 辩论教学
第4周	（四）辩证法：生活逻辑与人生态度	1. 联系与发展及其方法论； 2. 人的生命辩证法：生存矛盾、自我否定和自我发展； 3. 作为根本方法的辩证法	翻转教学 案例讨论

周次	授课章节	具体内容	教学手段
第5周	（五）实践出真知	1. 人的认识从何而来； 2. 认识的真理性向度； 3. 认识的价值性及人的价值评判	课堂讲授 案例分析
第6周	（六）社会历史观的哥白尼革命	1. 社会历史观的众说纷纭； 2. 历史之谜的唯物主义解答； 3. 人民群众与历史的创造者	课堂讲授 案例分析
第7周	（七）斯芬克斯之谜的科学解答	1. 人的起源与本质； 2. 人性与人的价值追寻； 3. 人生哲学与幸福生活	课堂讲授 课堂讨论
第8周	（八）政治经济学的历史与理论	1. 资产阶级政治经济学和空想社会主义； 2. 马克思主义政治经济学的形成及意义； 3.《资本论》及其历史地位	课堂讲授 案例分析
第9周	（九）商品经济和价值规律	1. 商品经济的形成和发展； 2. 价值规律及其作用； 3. 以私有制为基础的商品经济的基本矛盾； 4. 科学认识马克思主义劳动价值论	翻转教学 案例分析
第10周	（十）资本主义的历史与现状考察	1. 资本主义生产方式的产生和形成； 2. 剩余价值的产生及其本真面目； 3. 当代资本主义的新变化	翻转课堂 案例分析

续表

周次	授课章节	具体内容	教学手段
第11周	（十一）社会主义的历史与现实	1. 社会主义的产生和发展； 2. 科学社会主义基本原则； 3. 在实践中探索现实社会主义的发展规律； 4. 中国特色社会主义建设	翻转课堂 课堂讨论
第12周	（十二）共产主义与人类社会	1. 马克思主义经典作家对共产主义社会的展望； 2. 共产主义社会是历史发展的必然趋势； 3. 共产主义的本质维度	翻转课堂 案例分析
第13周	（十三）魅力马原：经典朗读接力活动		实践教学 学生演讲
第14周	（十四）马克思主义基本原理情景模拟教学		实践教学 实训课程 （穿插在各个教学周）
第15周	（十五）马克思主义经典文献接力朗读		实践教学 实训课程 （穿插在各个教学周）

（二）结束传统教学过程过分突出知识目标，强调理论性教学和政策灌输的局面，转变为注重学生的能力培养、素质教育和价值观塑造的新模式。

本项目根据实践主题和内容的需要，共设计、撰写了 5 个实践活动项目，并在"马克思主义基本原理概论"课程中进行了实施：一是联合辅导员团队开展了"三人协同"的"科技是把双刃剑"的辩论赛活动。二是购买并实施了"马克思主义基本原理概论"情境教学模拟实训环节，实现了思政课授课模式的重大突破。三是开展了"魅力马原·经典朗读接力活动"，通过研读经典，掌握马克思主义基本原理，共形成163个经典朗读原创作品。四是实施了"大学生讲思政课"比赛，以当代大学生的视角来观察国家、社会与自身，解读社会热点和焦点问题，使广大同学在做中学、学中练、练中懂，促进学生由被动的灌输式学习转变为主动的研究性学习，激发大学生主动参与思政课教学过程的热情，从而促进大学生之间的思想交流，共形成了21个教学团队的思政课作品。五是以项目驱动的方式实施了班级小组文化和作品的创建工作。

四、问题调研及改进措施

在学期末，我们对所教授班级实施了关于"基于专题项目任务驱动的思想政治理论课教学模式探索"实施情况的问卷调查。通过问卷反馈，大部分同学对基于项目驱动的"三位一体"（讲解环节、研讨环节、实践环节）的授课模式和"四位一体"（课堂表现、无领导小组讨论、实训实践、期末成绩）的考核方式是比较认同的。有同学认为，研讨环节对学生要求较高，可充分调动学生的积极性，让学生充分发挥自身能力，拓展了学生的思维。实践环节以动漫和视频的形式，讲解课本内容，回答问题，吸引力更强。对于"四位一体"的考核方式，有的同学认为，这种考核方式对学生平时表现的要求较高，更多注重学生的课堂表现，相对来说，学生对于知识点的学习更加灵活，知识点可在课堂中灵活表现，特别是无领导小组讨论对学生知识点理解和语言表达要求很高，可充分锻炼学生自主能力。但在实际授课和调查问卷中，课题组也发现了教学改革中的一些问题：

（一）学生方面

1. 学习方式难以适应。刚开始的时候，学生对课下看视频、查资料的方式并不认可，需要慢慢引导。很多理科专业的学生，表达能力有限，很难加入讨论。由于大一新生很多不具备网上学习的条件，就造成了课下看视频这项工作开展十分困难。

2. 学习态度消极。学习方式的难以适应，直接导致学习学生态度的消极。如一些学生参与课堂讨论和实践活动的积极性不高，对于平时考核没有付出应有的努力，还有同学认为，研讨环节应更加细化，课堂讲解环节和讨论环节应更加丰富多彩。在教学过程中明显能够感觉到部分同学在学习态度和兴趣上有消极应对心理。也有个别学生只是觉得这种方式好玩，并没有学到实质内容。当然这只是个别学生的见解，绝大多数学生还是非常积极的。但这一问题也值得我们反思如何才能让所有学生积极参与课堂活动。

3. 学生网络资源利用率低。尽管有观看网络课程视频和资料的要求，但是从总体来看，学生利用网络课程资源的自觉性有待提升。

（二）教师方面

1. 团队教学方式实施困难。专题任务驱动教学模式有时需要两三个教师同时登场，才能维持好课堂秩序并保证教学效果，但是由于教师之间时间的冲突和人力成本的过高，无法真正全程实现。

2. 教师对专题任务驱动教学模式教学理念的把握有待提升。授课教师只是在学校教学观摩和教学实践中获得了很多专题任务驱动教学模式的方式方法，也能够按部就班地开展下来，但并没有参加过高水平的专题任务驱动教学理念的培训，因此在教学理念的掌握上有待提升。

3. 教师的其他时间占用过多。由于专题任务驱动教学模式是一项系统工程。包括课前的课程建设、资料整理，课中的项目实施以及课后的网上答疑、作业批改。这要求授课教师要全身心地投入，充分将课余时间投入到课程建设中来，而大多数老师在担任授课任务的同时还肩负着其他课程的教学。因此，在科研和进修培训方面有些力不从心。

因此，在下一步的工作中，我们要努力做到以下几点：

（一）设计和细化授课方式的具体流程

在基于专题项目任务驱动的思想政治理论课教学模式建设过程中，选取恰当而又符合教材指导思想的专题讲稿和案例素材是基础和前提，但科学合理和可操作性的案例使用具体流程是教学改革取得成效的关键所在。经过一学期的教学实践，我们深感专题讲稿、案例素材和具体操作流程的重要性，因此，在接下来的建设过程中，我们要取众家之所长，吸收、设计和采用科学合理的操作流程，将基于专题项目任务驱动的思想政治理论课教学模式的最终目标不折不扣地贯彻下去。

（二）要培养学生问题意识，带着问题入课堂

基于专题项目任务驱动的思想政治理论课教学模式讲求的是突破常规，倡导创新。不仅教师要如此，学生也应该如此。在教学实践中，学生有无问题意识直接影响着课堂的氛围和教学效果。专题任务驱动的课堂不同于常规课堂，教师讲，学生听，教师无提问，学生则无问题，到最后只是知识的灌输，而没有灵活的掌握。在专题讲授和案例讨论教学过程中，学生是主体，学生应该有发现问题、提出问题的意识。学生带着问题对知识进行探索，提出自己的见解，只有这样才能深刻领会理论知识，灵活运用理论知识。因此，我们认为学生有无问题意识是教学模式是否能够真正取得实效的关键。

（三）教师对学生要有耐心和信心

初次接触专题任务驱动式教学的学生难免会有不适应或抵触的心态以及游戏意识。这就需要教师对学生进行引导，引导不是强制地要求学生必须听、必须说、必须讲、必须做，而是要在课堂上耐心引导学生，要让学生真心领会专题的优点，感悟专题的魅力。除此之外，教师还要对学生有信心，相信他们一定会适应专题、爱上专题，从专题中获得实惠，从专题中获得"颜如玉"和"黄金屋"。

（四）要加强课下师生互动频率，实现课上课下互动"双重奏"

基于专题项目任务驱动的思想政治理论课教学模式建设工作不止在课堂上，因为课堂上的时间是有限的，以有限的时间回应学生的问题是很难做好的，并且在课堂上学生是主角，学生要充分发挥自己的主体性。这样很多的理论问题在课堂上是无法真正解决的，因此，教师要充分利用课下的时间，可以通过网络接受学生的问题。做到课上遗留问题课下补，真正实现课上课下的有机结合和无缝连接。

第二节 基于合作性学习理念下的
"大班授课、小班研讨"专题教学新模式

本项目本着"以能力培养为核心，重构课程内容"的方针，探索新时代大思政育人体系下"毛泽东思想和中国特色社会主义理论体系概论"课程的新型授课模式，尝试采用"大班授课，小班研讨"的教学，以理论为先导，以案例为依托，实现高校思政课的合作性学习方案，以达到新时代思想政治理论课的高效课堂。

一、基于合作性学习理念下专题教学的设计理念

（一）构建"专题讲授+项目研讨"教学模式

"专题讲授"，就是指教师依据教学大纲，结合教材内容但又不拘泥于教材篇章，通过教师内化提升，联系社会实际、学生实际，就某些领域或者某些问题进行专门讲解。"项目研讨"，就是在"专题讲授"的基础上，教师将一定知识传授给学生学习之后，分小班在指导老师的指引下让学生对课程相关问题，即一个个的项目进行深入探讨，各抒己见，发表看法。

"专题讲授"针对的是大班集中授课，适合多个自然班级共同授课，由于听众较多，对授课老师的理论水平和语言驾驭能力等要求较高。"项

目研讨"针对的是小班研讨，由于研讨项目对授课人数有一定的要求，授课人数需要根据课程时长进行设定，一般以小组为单位进行活动。而项目的选取和研讨形式的确定对思想政治理论课的任课教师也有较高的要求。

由此所形成的"大班授课，小班研讨"的思政课授课模式在一定程度上将课堂还给了学生，既体现了教师对教学内容的主导性，也体现了学生在教学过程中参与的主体性。提升了教师和学生的获得感，实现了思想政治理论课中"坚持主导性和主体性相统一"的教学理念。

（二）实现"内容为王+策略创新"的教学策略改革

在思想政治理论课的授课过程中，教学策略的选择决定着授课效果是否具有高效性。想要实现思想政治理论课教学的高效性，实行"大班授课+小班研讨"，探索高校思政课合作性学习新模式，一方面，需要把功夫下在教学内容的选取上，另一方面，需要探索研讨的新模式，进而实现"内容为王+策略创新"的教学策略改革。

目前高校思想政治理论课的授课内容十分明确，也是不容置疑的。作为思政课教师，需要做到吃透理论，将教材体系转化为教学体系，将理论体系转化为信仰体系，这是思政课教师的本职工作，也是一门授课艺术。这门艺术要求思政课教师既要把抽象、枯燥的理论转变成学生能够听得懂、有用的信息，也要辅之以有效的方法和典型的事例，让学生从被动的接受者变为主动的吸收者。

一是要转变教学理念，必须从传统的课程的讲授者转变为教学资源的组织者和学习过程的引导者。

二是要注重课程设计，使教学内容立体化，从内容和形式上丰富起来，能够吸引学生，引起学生的兴趣，使他们乐于参与。

三是要转变教学主体，需要善于利用新媒体以及线上教学，通过课前、课中和课后多个时段，抛出不同的任务和话题使学生参与进来，通过双向互动，提升每位学生参与的积极性。

此时，思政课教师需要在"内容为王"的基础上探索如何"讲精、讲透、讲活、讲信、讲好"思政课。在吃透教材的基础上，变理论为体系，选取可读性和可参与性较强的章节，实行研讨化处理。以研读经典、诵读经典、案例分析和讲好中国故事等学生易于参与的形式，搜集教学素材，形成研讨任务文本并运用于教学课堂。完成教师的在线引导、在线监控、在线答疑、在线评价、在线阅读、在线研讨、在线汇报以及在线评价双向教学任务，实现线上思政教学的"教师主导和学生主体相统一"的教学目标。

（三）形成"过程考核+结果考核"的思政课评价体系

在思政课教学中，对学生的评价体系是思政课时效性评价的重要一环，在一定程度上对学生的学习态度起着约束的作用。但是随着对思想政治理论的不断认识，知识仅仅是评价的一个层面，更重要的还有能力的提升和价值观的塑造与培养。所以，过程考核和结果考核的双向约束在一定程度上为思想政治理论课教学时效性的达成起到重要作用。

所谓过程考核，是对学生日常学习过程中的表现、所取得的成绩以及所反映出的情感、态度、策略等方面的发展做出评价考核，进而激励学生学习，帮助学生有效调控学习过程，使学生获得成就感，增强自信心，进而提升教学效果。结果考核指的是传统的依据期末分数多少评定学习效果的考核方式。

对于思想政治理论课而言，要实现思想政治教育从书本走向生活，从学校走向社会，就必须转变教学理念，在结果考核的基础上引入过程性考核，形成对学生的思想政治教育进行知识、能力和情感价值观三个维度的全过程评价机制。在具体操作上，要利用平时小测，期中、期末大测督促学生掌握必要的基础知识。其次，依托研讨课程，进行研讨小组和成员的量化测评，让学生们学会自主性学习。也要依托时政新闻，引入课前、课后主题讨论，在实现对学生世界观、价值观和人生观积极引导的同时，根据参与度和贡献度对学生进行量化测评。

二、基于合作性学习理念下专题教学的具体路径

(一) 实现以内容为王的专题授课模式

本项目主要依托高校思想政治理论课中的"毛泽东思想和中国特色社会主义理论体系概论"课程进行实施。"毛泽东思想和中国特色社会主义理论体系概论"包含14章内容，根据教学内容整合为若干个专题，进行专题授课。对每个专题进行大班讲授和小班分组研讨，小班分组研讨用于辅助理论教学，对知识进行进一步深入拓展，使学生真正从理论的被动接受者变为理论的主动输出者。

图5-2 "毛泽东思想和中国特色社会主义理论体系概论"课程专题板块

专题版块	周次	讲次
第一专题版块：中国特色社会主义进入新时代	1	第一讲 中国特色社会主义进入新时代
	2	第二讲 习近平新时代中国特色社会主义思想的主要内容和历史地位及坚持和发展中国特色社会主义的总任务
	3-4	主题研讨/阅读任务
第二专题版块："统筹推进五位一体总体布局"	5	第三讲 建设现代化经济体系和发展社会主义民主政治
	6	第四讲 新时代的文化、社会和生态文明建设
	7-8	主题研讨/阅读任务
第三专题版块："协调推进四个全面战略布局"	9	第五讲 全面建成小康社会和协调推进四个全面战略布局
	10	第六讲 全面依法治国和全面从严治党
	11-12	主题研讨/阅读任务

续表

专题版块	周次	讲次
第四专题版块："新时代军事外交战略与党的建设"	13	第七讲　全面推进国防和军队现代化和新时代中国特色社会主义建设外部环境和国家战略
	14	第八讲　坚持和加强党的建设
	15-16	主题研讨/阅读任务
总复习	17	复习答疑

（二）规划小班研讨促成策略创新

1. 小班规模是前提

小班研讨作为实现思想政治理论课探索合作性学习新模式的重要步骤，班容量是保证"小班"研讨效果的重要前提。由此，针对"毛泽东思想和中国特色社会主义理论体系概论"的授课安排，对课程进行以行政班为单位的小班循环授课。例如一个理论课堂为100人，拆分成两个50人的行政班，以行政班为单位进行循环授课，每个行政班以8人为一组，分成6个小组，对一个专题中的不同问题进行分组研讨，以最大限度保证研讨课堂的参与人数和参与质量。

2. 研讨策略是关键

在保证班容量的情况下，如何实现"小班研讨"的研讨效果、研讨策略的设计，即研讨内容和形式则是这一新型教学模式的关键性内容。习近平总书记提出了要在思想政治理论课上"坚持主导性和主体性相统一"的教学理念，要真正使这一教学理念落到实处，研讨专题的内容设计和素材选取显得尤为重要。

在内容上，针对"毛泽东思想和中国特色社会主义理论体系概论"的专题授课内容，通过对教学内容的研究，形成了研讨内容和阅读内容相辅相成的双向内容体系。以某100人课堂为例，将其分为行政1班、行政2

班两个行政班进行研讨，研讨的第一周要求行政 1 班的 6 个研讨小组跟着老师进行内容的研讨，通过小组协作，形成思维导图，并依据思维导图进行公开讲解，最终完成研讨记录表。行政 2 班的 6 个小组不需要上课，但是需要读完老师推荐的相关书目，并做好读书笔记和心得体会。

在形式上，针对课程内容的特点，基本形成了原著阅读、案例分析、讲好中国故事和研读经典四种研讨形式，分别对应理论课程的新民主主义革命与社会主义改造理论、社会主义本质理论、改革开放理论和"五位一体"总布局理论。实现在教师引导下对教学内容的进一步输出和掌握，进而实现探究性学习并且达到学以致用的目的。

表 5-3 "毛泽东思想和中国特色社会主义理论体系概论"课程研讨项目

项目 1	3	研讨任务	"中国特色社会主义进入新时代"系列案例
	4	阅读任务	《中国震撼》
项目 2	7	研讨任务	"文化自信"
	8	阅读任务	《创新中国》
项目 3	11	研讨任务	《千年大计，国家雄安》
	12	阅读任务	《习近平复兴中国》
项目 4	15	研讨任务	"一带一路"建设
	16	阅读任务	"这就是中国"系列

（三）完善过程性和结果性双向考核标准

根据"毛泽东思想和中国特色社会主义理论体系概论"的课程性质和考核要求，要实现高校思政课"大班授课，小班研讨"合作性学习的教学效果，过程考核和结果考核的双重约束能够在一定程度上规范教与学的行为，实现教学效果的最大化。由此，"毛泽东思想和中国特色社会主义理论体系概论"课程采用过程性考核和结果性考核的双重考核标准。即在教学评价机制上以 5 : 5 比例进行过程和结果的评价机制。综合过程性考核和结果性考核，得到本课程的最终评价结果。

1. 过程性考核

过程性考核主要辅助以现代化教学手段，针对学生在研讨课程和课下阅读推荐书目过程中获得的学习评价为主要评价内容。过程性考核的成绩得出方式如下表：

表 5-4　过程性考核成绩得出方式

学号	姓名	研讨 1	研讨 2	研讨 3	研讨 4	课堂参与度	综合表现	成绩（100分）

2. 结果性考核

结果性考核主要以学生在期末进行的理论知识输出为主，以原著分析题、案例分析题、理论分析题、开放性评述题四种题型对学生进行考核。具体考核形势如下：

原著分析题，25 分，选取合适的原著选段，要求学生从原著中迁移出相关的知识点，作出总结并延伸启示；

案例分析题，25 分，选取代表性案例，根据案例引申出马克思主义中国化的理论经验，让学生们进行总结延伸；

理论分析题，25 分，引用某一经典理论，让学们根据所学内容进行理论和实例的迁移，进而学以致用；

开放评述题，25 分，引用伟人的一段话，让学生结合实例及自身实际谈谈看法，进而增强理想信念，实现情感价值观的升华。

三、基于合作性学习理念下专题教学的成效与特色亮点

（一）实现教学体系、教学模式与教学评价三维创新

借力"大班授课，小班研讨"的教学改革，实现教学体系、教学模式

与教学评价的三维创新，形成一体两翼，探索思政课合作性学习的可能性与可行性，进而突破高校思政课大班授课困境。拟通过"可精讲，可研讨"的"两可"式专题教学体系，助力思政课教学体系创新；落实"专题理论精讲+专题学习研讨"，实现思政课教学主导性与主体性相统一；打造"师生互评+生生互评"师生成长共同体，形成知识、能力和情感价值观全过程评价机制助力思政课评价体系，突破高校思政课大班授课困境。

教学体系的创新：整合教材内容，在教材体系的基础上创新教学体系。以"站起来、富起来、强起来"和"中国共产党建党100周年"为线索，对教学内容进行整合，打破原有理论教学体系，整合为可精讲、可研讨的"两可"专题式教学体系。

教学模式创新：借力学校"大班授课，小班研讨"的教学改革，变全程的理论讲授为"专题理论精讲+专题学习研讨"，实现思政课教学主导性与主体性相统一。

教学评价创新：依托全过程考核，引入"师生互评+生生互评"考核方式，打造师生成长共同体，形成对知识、能力和情感价值观的全方面全过程评价机制。

（二）强化学生五维能力训练

通过"专题理论精讲+专题学习研讨"，结合研讨探究学习模式重点对学生的五维能力进行训练：

事实层面，通过专题理论精讲，辅以课堂小测，在知识层面，使学生掌握新时代马克思主义中国化的最新成果；通过专题研讨，学生进行深度阅读、深度学习，在课堂上进行师生、生生思维碰撞，获取课本之外的国情和国史知识。

诠释层面，在研讨的过程中，引导学生基于案例阐释出自己的观点，提高学生的自主学习能力、归纳总结能力、发现问题能力，以及组内合作学习和思想的输出和表达能力。

感受层面，引导学生根据理论课程、研讨案例、同学分享，说出对自己印象最深刻的观点和感受。同时在研讨中锻炼培养学生们的团队意识、合作意识，使学生们在深度学习中体会学习与探究的乐趣。

行动层面，在知识积累和情感依托的基础上，让学生根据研讨的内容和观点，落到实处上，落到行动上，思考接下来应该怎么去做，对自身的学习生活有哪些实际的启示。

总结整理层面，通过研讨课程让学生养成总结归纳的习惯，并且可以提高学生的写作能力和逻辑能力。

（三）采用"过程性+结果性"双考核方式，让学习成果贯穿学习全过程

将"过程性+结果性"考核方式引入"师生互评和生生互评"考核中。其中过程性考核占比50%，结果性考核占比50%。

过程性考核由课堂综合表现（20%）、专题学习研讨（75%，由5次专题学习研讨构成，每次占15%，其中课下深度阅读占5%，课上合作研讨占10%）和出勤（5%）组成。结果性考核以开放式论述题为主，从原著分析（25%）、案例分析（25%）、理论拓展（25%）、开放评述（25%）4个方面对学生的知识、能力和情感价值观进行考核。并在过程性考核过程中引入学生间的自评与互评环节，实现小组间的自我评价与自我组织管理。

在课堂的评估和反馈上，通过线上线下的课堂提问、线上答疑，以及线上问卷进行。一方面，在专题授课和研讨过程中，教师会随机对听课学生进行提问并设置生生提问与反提问环节；另一方面，通过线上平台的问卷，让学生及时对教师的授课方式和内容进行反馈。

四、基于合作性学习理念下专题教学实施中的主要问题

高校思政课有鲜明的课程特点和育人目标，习近平总书记提出要实现思政课教学的主导性与主体性相统一、显性教育与隐性教育相统一等八个"相统一"。采用教学体系、教学模式和教学评价的三维创新，运用"专题

理论精讲+专题深度学习"，结合"大班授课、小班研讨"的模式更能够将教学主导性与主体性相统一等理念落到实处，从而突破高校思政大班授课困境。

经过一个学年的教学尝试，通过教学反馈发现，学生一端能够实现理论知识的获取，而且自学能力、逻辑能力以及表达能力都有所增强，教师一端通过集体备课进行信息共享、交流磨合，也对其教学水平和教改水平有一定的提升。但是在实施过程中仍存在一定的问题：

一是思政课教师教学素养与课程教学质量要求存在差距。部分教师在将教材体系转化为教学体系方面能力还稍显不足，在理论授课过程中还存在用理论讲理论，理论阐述不够深入，在学生研讨环节引导不足等问题。

二是受班容量较大、授课教师有限、教学场地等客观因素的影响，小班研讨面临着一些实际困难。如何在大班授课的基础上，创建合作式学习新模式，巩固和深化"小班研讨"的教学效果是亟待解决的现实问题。

五、基于合作性学习理念下专题教学模式的优化措施及规划

（一）优化措施

经过近一年来的教学实践，"大班授课，小班教学"的教学模式在一定程度上将课堂还给了学生，既实现了教师对教学内容的主导，也实现了学生在教学过程中参与的主体性，提升了教师和学生的获得感。但是要实现可持续发展，必须从以下几个方面进行优化和改进：

1. 在教学准备阶段：根据最新的 2021 版教材，对教学理论进行有效整合。根据我校学生专业设置，有针对性地充实教学案例库，设计理论研讨主题，将教材体系转化为教学体系，激发学生的学习兴趣。

2. 教学实施阶段：为了充分调动学生的学习兴趣，提高教学的实效，教师必须加强集体备课，充分吸收先进的教学理念和教学方法，鼓励授课教师在专题学习研讨的教学设计上下功夫，通过阅读经典、案例分析、讲故事以及时政评析等不同的教学设计激发学生的学习兴趣，并通过有效设

问对学生进行引导。

3. 在教学评价阶段：由于采用"过程性+结果性"双考核方式，过程性考核工作量比较繁多，因此必须加强课程助教制度，借力学生助教，进而对学生的学习过程进行全方位的客观的实时记录，将学生打分和教师打分置入相关研讨环节，辅之以课堂助教，对每个学生的学习过程进行量化评分，使考核更为精细化、科学化。

（二）持续规划

在项目试点过程中，项目组一致认为"大班教学、小班研讨"是行之有效的教学改革新模式。在后续的教学工作中，我们计划以"优化大班授课内容，创新小班授课形式"为着力点，推动"大班教学和小班授课"。

1. 深耕教学内容，构建"以问题为中心"的大班授课理论体系。在原有授课专题的基础上，根据最新的 2021 版教材，构建"以问题为中心"的授课体系，实现从教材体系向教学体系的转化。以有意义的问题打动学生，师生基于问题共鸣进行互动，既可以充分调动学生的学习积极性，也有利于教师对理论问题的深度研究，师生以问题为桥梁进行深入的理论探讨，避免了教师单纯讲授理论的"自说自话"，从而实现了师生良性互动。

2. 创新平台载体，创设"小班研讨"的在线互动研讨平台。受学生人数增加和授课教师人数有限等客观因素的限制，要想持续进行 25 人左右的线下研讨的可能性难度加大。因此，要使"大班教学、小班研讨"这种行之有效的教学方式保持可持续发展，必须积极探索"小班研讨"的新形式。因此，本课题组准备创设"小班研讨"的在线研讨平台，充分利用"超星·学习通"等教学平台，搭建"云端研讨室"，使小班研讨不受教学场地、班容量等限制，从而保障了小班研讨的即时性、灵活性和记录的完整性，与此同时，教师能有效监督学生研讨的活跃度和参与度，使过程性考核更具科学性。

第三节　线上线下混合式专题
教学模式下思政课教学改革案例

2018 年教育部发布了《关于加强新时代高校"形势与政策"课建设的若干意见》（教社科〔2018〕1 号），（以下简称《意见》），文件强调"形势与政策"课是思想政治理论课的"核心课程"，并对"形势与政策"课的课时、教学内容、教学设计等作出具体要求。其中，在教学内容方面，《意见》指出，"重点讲授党的理论创新最新成果，重点讲授新时代坚持和发展中国特色社会主义的生动实践，引导学生正确认识世界和中国发展大势，正确认识中国特色，正确认识时代责任和历史使命，正确认识远大抱负和脚踏实地。"在教学设计方面，《意见》提出，"可采取灵活多样的方式组织课堂教学，积极运用现代信息技术手段，扩大优质课程的覆盖面，提升"形势与政策"课教学效果"。根据《意见》提出的新要求，本项目依托"形势与政策"课开展了线上线下混合式专题教学模式的实践探索。

一、线上线下混合式专题教学模式实施目标及准备工作

线上线下混合式专题教学模式实施目标：一是磨砺"形势与政策"课精品专题，打造思政"金课"；二是优化课程模块，以课程研讨提升育人实效；三是扬长避短，继续发挥线上教学优势。

为推进"形势与政策"课程"线上＋线下"混合式教学模式的实施，课程教学团队对课程教学内容与设计开展了认真的准备工作。主要解决了三个问题：一是学时分配，线上学时与线下学时如何划分。二是内容分工，线上与线下的教学内容如何分工。三是有效衔接，思考如何将线上与线下实现有机结合。经过集体协商，课程教学团队确定了将"形势与政策"课一学期的8学时分为4学时的线上专题精讲和4学时的线下课堂研讨。课堂研讨的主题为：美国抗击新冠肺炎疫情存在的问题、原因以及中国抗击新冠肺炎疫情的优势。课堂研讨的形式为结构化研讨。鉴于中国抗击新冠肺炎疫情的情况同学们较为了解，为推进课堂研讨与专题讲授的有效衔接，课程教学团队将线上精讲的主题确定为美国发展道路专题解读，以自由主义为主线向同学们介绍美国发展之路，即美国从古典自由主义到现代自由主义，再到新古典自由主义的变迁，以期帮助同学们更好地理解美国，为随后的课堂研讨打下基础，进而提升课堂研讨深度。

在课程教学过程中，"形势与政策"课程开启了"线上+线下"混合式教学模式。线上专题精讲主要依托线上平台开展直播授课，同时以线上学习平台作为辅助，开展课堂签到、学习资料上传、课下互动及提交作业等。线下课堂研讨则采取结构化研讨方式，研讨人数控制在50人以内，将班内同学提前划分小组，依据标准化的研讨流程开展。通过上述教学模式改革，"形势与政策"课的教学成效有了较为显著的提升。一是在知识层面，学生对中美两国的政治制度和传统有了更进一步的认识。"形势与政策"课程要求学生"正确认识中国特色和国际比较"，中美两国分处东西方，政治传统不同，发展道路更是各异。我们在此之前已开设了中国道路与模式专题，通过比较的方式开展专题教学，有助于学生明白中国何以为中国，西方何以为西方。二是在能力层面，结构化课堂研讨的流程设计充分体现了以学生为主体，有助于提升学生的逻辑思考、语言表达和团队协作能力。三是在价值观层面，强化了学生对中国的道路自信和制度自信。学生不仅看到了美国与中国的差异，更重要的是明白了为什么中国"能"而西方"不能"，挖掘出了这背后蕴藏的道理，真正从内心坚定了对中国的道路自信和制度自信。

二、线上线下混合式专题教学模式具体实施路径

（一）在线上精讲方面，提升教学专题内容系统性和学理性

课程教学团队做这项工作，主要基于两点：一是"形势与政策"的课程内容属性。"形势与政策"课的教学专题要求紧跟形势与热点，但这往往会造成教学主题碎片化、教学内容流于表面，教师本人也难以收获持续性的积累。二是河北金融学院"形势与政策"课经过近些年的发展，也到了总结、提炼、升华的时刻。近年来河北金融学院"形势与政策"课授课教师团队在教学专题的备课方面下真功，已做出一些具有一定学术含金量的专题。但就现状来看，这些教学专题仍缺乏顶层设计。这就好比我们现在手里已经有了一些"珍珠"，但还缺少一根"链子"，以至于目前的珍珠是散落的，我们需要将其串联起来。

为解决上述问题，河北金融学院"形势与政策"课程教学团队经过认真思考和集体研讨，对课程的教学专题做出了如下探索。一是课程主题。根据《意见》提出的，"形势与政策"课应"重点讲授党的理论创新最新成果，重点讲授新时代坚持和发展中国特色社会主义的生动实践，引导学生正确认识世界和中国发展大势，正确认识中国特色和国际比较，正确认识时代责任和历史使命"的要求，课程教学团队将"读懂中国"定位为"形势与政策"课的教学主题。"形势与政策"课将力求借助古今、中西对比，帮助学生了解当代中国，理解中国特色社会主义道路，增强"四个自信"。二是课时设置。"形势与政策"课程每学期有 8 个课时，我们将其中的 4 课时定为线上精讲。线上精讲共计 28 课时，贯通 7 个学期。三是专题分类。教学团队根据"形势与政策"课的内容属性，将教学专题分为两类，即相对固定的和机动性的教学专题。四是打造"金课"。课程教学团队以历史政学和比较政治学作为理论支撑，打造系列精品专题讲座，使课程的政治性与学理性达到内在统一。

（二）在线下研讨方面，有效利用课堂研讨"提能增信"

1. 确定课堂研讨方式。线下研讨的方式有多种，如无领导小组讨论、头脑风暴法、结构化研讨等。鉴于结构化研讨有明确的研讨流程，各个阶段和环节设计明确，时间便于把控，对提升学生的逻辑思考、语言表达、团队协作能力均有帮助，课程教学团队确定了结构化研讨方式，设计出结构化研讨的一般流程。

2. 具体设计"形势与政策"课程的结构化研讨方案。以"美国抗击新冠肺炎疫情存在的问题、原因以及中国抗击新冠肺炎疫情的优势"为例，"形势与政策"的课堂研讨设计为三个阶段，包括"问题聚焦""原因分析""中国抗击新冠肺炎疫情优势"。第一阶段是找问题，具体环节包括小组准备、个人准备、组内个人发言、小组讨论、决策、组间分享。第二阶段是在第一阶段的基础上，深入分析美国抗击新冠肺炎疫情出现上述问题的原因，具体环节包括制作鱼骨图和组间分享。第三阶段是回归本次课堂研讨的落脚点，借助中美对比的方式，找出中国抗击新冠肺炎疫情的优势。

三、线上线下混合式专题教学模式成效及特色亮点

（一）打造成体系、有深度的线上精讲专题

教学团队将"形势与政策"课程的教学专题分为两类，即相对固定的和机动性的教学专题。其中，相对固定的教学专题应符合三个要求。一是聚焦主题："读懂中国"。二是突出课程内容的学理性，做到以理服人。三是专题成体系，打造精品系列讲座。截至目前，"形势与政策"课教学团队在相对固定的教学专题方面开创了三个模块，分别为中西比较、古今视角及中国外交。机动性的教学专题则是根据教育部文件要求和形势变化拟定题目。

课程教学团队根据教学内容的先后顺序和难易程度，并注意结合不同年级大学生的接受能力，对相对固定的教学专题做出了如下模块化设计。

表5-5 "形势与政策"课相对固定的教学专题体系

序号	模块	专题名称	授课时间
1	中西比较	中国道路与模式解读（4课时）	大一上学期
2		美国发展道路解读（4课时）	大一下学期
3	古今视角	传统中国的国家治理——制度的视角（2课时）	大二上学期
4		近代中国的国家治理——制度的视角（2课时）	
5		现代中国的国家治理——制度的视角（2课时）	大二下学期
6		中国改革开放的主线梳理与经验总结（2课时）	
7	中国外交	中国周边安全形势（2课时）	大三上学期
8		习近平新时代中国特色大国外交（2课时）	
9		"一带一路"倡议解析（2课时）	大三下学期
10		如何理解中美关系（2课时）	
11		朝鲜半岛问题解读（2课时）	大四上学期
12		台湾问题解读（2课时）	

（二）打造形式活、重能力的线下研讨课程

借助于线下研讨课，"形势与政策"课程教学团队总结提炼了如下经验。

1. 研讨主题的"选取三原则"。原则一：研讨主题与教师该学期精讲的专题应有关联，这样学生研讨时会有一定的基础。原则二：研讨主题的社会热度和同学们的关注度应较高，这样的研讨主题学生会感兴趣并愿意参与。原则三：研讨主题不仅是一个现实问题，还应能拓展出一定的学理深度，对引领同学们树立正确的价值观有益。

2. 线下研讨的课前准备。教师提前就研讨主题与学生沟通，要求同学们查阅相关资料，对问题形成一定的认知，有自己的看法，这样便于保证课堂研讨的质量。

3. 线下研讨的流程设计。前面已有相关介绍，此处不再赘述。

4. 教师的点评技巧。教师在点评学生发言时，可首先对学生提出的观点予以相应的肯定。然后，在学生观点的基础上再适当拔高、升华。最后，在上述点评的基础上，再提出自己的一些观点。这样做既便于学生接受，也达到了教育的目的。

四、线上线下混合式专题教学模式实施过程中存在的主要问题

（一）在课程的整体改革进程中，考核方式改革仍显滞后

"形势与政策"授课模式调整后，课程的考核方式也需做出相应的调整。当前，"形势与政策"课的考核主要是依据教育部要求，学生每学期在课程结束后，提交一篇课程论文或调研报告，教师给出相应的分数。该课程最终成绩为学生七个学期成绩的平均值。该考核方式能反映出学生在听课和研讨后对某一问题的认知程度，但并不能完全反映出学生课堂研讨上的表现。例如有的学生逻辑思维清晰，表达力强，积极发言，对问题的看法有一定深度，但这些课堂表现并未最终反映在每学期的成绩上。

（二）线上精讲的专题体系有待进一步优化

"形势与政策"课程线上精讲的专题体系只是反映了教学团队目前的备课成果，该专题体系仍需进一步打磨以更契合主题和适应未来形势的发展。例如在四史教育融入思政课教学方面，当前的专题只是重点涉及了改革开放史和党史的一部分内容，在党史、新中国史和社会主义发展史融入课程方面做得还不够。

（三）线下的课堂研讨仍有较大的拓展空间

课堂研讨在研讨方式方面主要尝试了国家教育行政学院设计的结构化研讨模式。但课堂研讨的方式有多种，如辩论式研讨、小组研讨法、头脑风暴法等，未来需进一步探索与课程主题相适应的研讨方式。

（四）当前的师资力量不足以支撑小班课堂研讨的开展

为保障课堂研讨质量，我们将课堂研讨人数限定在 50 人以内，这对

"形势与政策"课的师资数量提出了较高要求。当前的教师人数还不足以支撑小班每学期开展4学时的课堂研讨。

五、线上线下混合式专题教学模式优化措施及持续规划

（一）探索与课程行课模式改革相配套的考核方式

探索与课程行课模式改革相配套的考核方式，以期既能有效调动学生的积极性，又能较为真实地反映学生学习情况。在课程考核上，除既有的课堂签到、课程论文或调研报告外，还要设置单独的课堂研讨评价体系。调整以上各部分在总体评价中的比重，课堂签到占10%，课程论文占50%，课堂研讨占40%。

（二）继续打磨线上精讲的专题体系

目前已确定的一个突破口是将四史教育融入"形势与政策"课教学专题体系。例如，"形势与政策"教研室已确定了以学习习近平总书记在庆祝中国共产党成立一百周年大会上的讲话为切入点，深入开展党史专题教育。一方面，引导学生深刻铭记中国共产党百年奋斗的光辉历程，深刻认识中国共产党为国家和民族做出的伟大贡献。另一方面，从理论高度为学生讲清中国共产党为什么能，讲清百年党史背后的理论和实践价值。未来，我们在新中国史和社会主义发展史方面也会寻找合适的专题融入"形势与政策"课教学。

（三）拓展课堂研讨的具体方式

"形势与政策"课程教学团队未来将探索辩论式研讨、小组研讨法、头脑风暴法等方式在课堂研讨中的运用，尝试不同的研讨方式，总结各种方式的优缺点，进而将其与不同的研讨主题有效结合起来。

（四）继续充实"形势与政策"课教学的师资力量

一方面，拓展兼职教师资源，另一方面，积极争取将一些新进教师补充到"形势与政策"课教学团队中。这将为开展小班课堂研讨提供师资保障。

第四节 基于任务驱动的思政课专题案例教学模式改革案例

一、基于任务驱动的思政课专题案例教学模式研究背景

高校思想政治理论课是培养具有正确的世界观、人生观、价值观，具有坚强的意志品格，坚定中国特色社会主义理论、制度、道路、文化自信的合格的中国特色社会主义事业接班人的课程。党的十八大以来，高校思政课教学受重视程度之深、建设力度之大前所未有，教学质量和效果明显改善，但仍面临一些突出问题，如一些人对思政课有一种很过时的看法，认为思政课就是"假大空"的说教。更有一些人不遗余力丑化和污化思政课，把它说成是"洗脑"。这些错误认识对部分学生造成了不良影响，使他们对思政课存在一定误解，导致一些大学生不愿意上课、不认真听课。这种现象使思政课的实效性未能充分发挥，对大学生的世界观、人生观和价值观产生了一定的负面影响。因此，要摆正态度、扭转观念，抵制错误倾向，精心打造高校思政课，为扣好大学生的"人生第一粒扣子"提供课程准备。

2019 年 3 月 18 日，习近平总书记在学校思想政治理论课教师座谈会上强调，思想政治理论课是落实立德树人根本任务的关键课程。要坚持政治性和学理性相统一、价值性和知识性相统一、建设性和批判性相统一、理论性和实践性相统一、统一性和多样性相统一、主导性和主体性相统一、灌输性和启发性相统一、显性教育和隐性教育相统一。这"八个相统一"，为思想政治理论课改革守正创新指明了方向与路径，是新时代思想政治理论课改革的根本遵循。

深入贯彻落实习近平总书记的重要讲话精神就要探索思政课多种教学方式方法，增强教学的亲和力和针对性。从我国思想政治理论教育的历史

来看，不同时期和年代的思想政治理论课，在内容和方法上都与同时代大学生的思想状况、接受特点相契合。新时期社会转型快速发展、互联网技术高度发达、各种文化交融交流，新时期的大学生的学习方式、交流工具、认知模式、思维模式同以往的大学生相比发生了翻天覆地的变化。思想政治理论课教师只有通过不断改进教学手段与方法，切实提高思想政治理论课的说服力、感染力，才能凸显思想政治理论课的育人价值，增强育人实效。因此，传统思政课教学方式已然不能满足新时期大学生的需求，必须变革思政课教学方式方法。案例教学是当前思想政治理论课教学中使用较为普遍的一种教学方法，其本身具有优化教学内容，调动学生主体学习积极性，提高学生综合素质的良好教学效果。案例教学在思想政治理论课教学实践中是一种很有发展潜力的教学模式，是我国实施素质教育所大力提倡的一种教学方法。思想政治理论课案例教学法通过有效整合教材——案例——原著之间的契合度，可以增强大学生在课堂上的"主体性"，提升思政课的"活跃度"。

二、国内外研究现状及问题分析

案例教学法是"高等学校社会科学某些科类的专业教学中的一种教学方法，即通过组织学生讨论一系列案例，提出解决问题的方案，使学生掌握有关的专业技能、知识和理论"（《教育大词典》），这一教学法为19世纪70年代哈佛大学法学院院长郎道尔（Langdell）教授创立，经哈佛企业管理研究所所长郑汉姆（W. B. Doham）推广，被广泛应用于法学、医学和管理学等专业领域的教学。我国教育界对案例教学法的探索开始于20世纪90年代之后，对于思想政治理论课而言，自"05"方案实施以来，思想政治理论课案例教学法受到教育部的高度重视。根据中国知网学术资源数据库收录的资料统计，2005年以来，截至2022年1月，有关思想政治理论课案例教学的相关文章、硕博论文有500余篇，此外，还有多部相关专著出版。这些研究成果大多是围绕思政课案例教学的意义、实施路径、设计原则、环节设计等进行论述的。

具体而言：一是思政课案例教学改革的探索与实施。如近几年以杨慧民为代表的大连理工大学教学团队在思政课案例教学改革方面作出了卓有成效的研究，在多篇论文中分别论述了现场案例教学、网络案例教学、实践案例教学、小组讨论式案例教学等模式，杨慧民还在《高校思想政治理论课案例教学法研究》（2007）中，从案例教学法的本质特点、功能和价值出发，对思想政治理论课开展案例教学的必要性和可能性进行了深入论证，开了研究之先河，杨教授提出案例教学的组织实施包括教学内容的提炼、教学案例的选编、思考讨论题的设计、教学案例的呈现、课堂讨论的组织、点评和总结、课后反思等环节；二是思政课案例教学模式与实施路径的探索。傅强、杨强在《高校思想政治理论课案例教学探析》（2017）中，提出高校思想政治理论课案例教学因所属学科特点而有其独特的本质，应根据不同教学内容合理选择案例类型，优先运用"先讲案例→推导理论"的模式展开教学，以合理形式组织大学生进行案例分析，帮助大学生自主推导并学习教学内容。石丽娟在《高校思政课"问题+案例"教学模式的探索与实践——以"马克思主义基本原理概论"为例》（2017）中，倡导"问题+案例"教学模式，认为："问题+案例"教学模式融合了"问题教学"的针对性与"案例教学"的现实性优点，并通过"参与式"教学方法而落实于教学实践中。"问题参与"通过提升学生参与课堂讨论问题的现实性与针对性，增强学生课堂参与的积极性以及对于课程内容的理解；"讲课参与"通过尝试让学生走上讲台进行课堂教学，让学生的教学能力得到初步锻炼；"演讲参与"通过精心设计并组织课堂演讲，充分凸显了学生的主体性；"辩论参与"通过将辩论赛搬进思政课堂，促进了学生对于课程内容的深入理解。三是对思政课案例教学设计理念和模式方法的探索。崔建霞在《探索独具特色的思想政治理论课案例教学新模式》（2018）中提出，根据我国高校思政课的特点以及案例教学的现状，提出"教材—案例—原著"三位一体案例建设理念和案例教学理论构架，设计操作性很强的案例教学程序，即课前三设置、课堂三呈现、课后二反思的"332模式"，解决了思政课案例教学遵循难的问题，形成了独具特色的思政课案例教学新模式。欧海燕在《马克思主义基本原理整体性与系统性视角下的思政课案例教学法创新研究》（2018）中提出，高校思政课教师务必要坚持马克思主义基本原理整体性与系统性的原则，注重教学理念、教学内容、教学方式、教学考核、教学主体素质的整体性与系统性构建，以此构建起彰显马克思主义基本原理整体性与系统性的案例教学机制，不断提升思想政治教育的吸引力。这些研究成果从各个层面对推进思政课案例教学起到了积极的理论支撑和实践效果作用。但从近几年思政课案例教学的实际实施情况来看，无论是理论提升还是实践操作还存在着一些亟须解决的困惑与问题。

综上所述，思想政治理论课案例教学已经具有了一定的理论基础和现实可行性，形成了比较成熟的思政课案例教学的方法论体系，广大思政课教师对开展案例教学的必要性、基本程序和步骤基本达成共识，案例教学在加强思政课实效性方面也发挥了不可或缺的作用。但与此同时，目前案例教学也面临着一些认识上的误区和实际操作上的偏差。一是案例教学理念领会不到位。有些教师将案例教学理解为讲解案例，将其视为教师课堂讲授方法的一种，仍然是以教师说教为主，没有脱离传授—接受的传统教学模式。把案例混同于举例，以举例教学等同案例教学，将二者混淆使用。学生的主体性没有得到充分发挥。二是案例设计与教材衔接度和融合度不够：教师固守教材，导致讲授缺少理论穿透力。案例选取和解读与教材理论点偏离，课堂理论点不清晰。三是大多研究只是对四门思政课进行宏观的概而论之，对某一课程某个章节的案例教学的个案研究则不多，实施过程中缺乏可供借鉴的范例。四是教师实施案例教学的能力和技能有待提升和完善。组织案例教学对教师的挑战较大，教学效果与教师自身理论基础和学科背景有很大关系，也考验着教师的工作态度和责任心。五是案例设计需要更多投入。案例的搜集、整理和选择使用耗时费劲，有时候研究和编制一个好的案例，甚至需要两三个月的时间，加重教师的负担，导致教师设计的精力和信心不足。

三、基于任务驱动的思政课专题案例教学模式的研究思路与内容

本项目旨在通过思想政治理论课案例教学元素设计并运用切实可行的实施路径，将思想政治理论课打造成启迪心灵、陶冶情操、价值观塑造的智慧之课、灵魂之课。具体研究如下：

一是根据"案例—原著—教材"相契合的原则，搜集、整合并综合利用各种案例教学元素进行教学设计和开展案例教学，以案例设计驱动、学生主导的方式推动教材体系向教学体系转化，使整个教学环节具有探究性和合作性，实现师生共振共鸣和教学相长的效果。思想政治理论课案例教学设计的主要元素包括案例教学资源元素、案例教学知识元素、案例教学情感元素、案例教学方法和技能元素等。其中，案例教学资源是案例教学内容优化组合和加工处理的重要原始材料；思想政治理论课教学设计中的知识元素主要是案例教学知识内容的讲解；案例教学情感元素是案例教学所能反映的大学生情感需求和思维水平；案例教学方法和案例教学技能是影响思想政治理论课案例教学设计的中介元素，包括案例教学方法和案例教学手段，如图5-4所示。

二是运用"理论讲授—案例点拨—案例讨论—点评提升"四段式教学进行案例呈现环节。结束传统教学过程过分突出知识目标，强调理论性教学和政策灌输的局面，转变为注重学生的能力培养、素质教育和价值观塑造的新模式。思想政治理论课案例教学模式倡导"自主—合作—实践"模式。自主即学生课前自主学习；合作即学生在课堂上以合作方式学习，具体由小组案例分析、团队主题研究和综合测评等课堂活动开展，充分挖掘学生的团队合作能力和组织协调能力，做到让学生在活动中学习。授课教师在课堂上将主体让位于学生，转化为主导作用。实践即学生在课后依据理论知识参与社会实践活动，切实做到理论联系实际，实现在实践中体悟

```
                    ┌─ 案例视频   案例音乐   案例故事   案例问题
              资源   │
              元素 ─┼─ 案例电影   红色案例   案例电视   大学生身边的案例
                    │
                    └─ 社会调研案例   文献案例   历史重大事件案例

         案  ┌─ 知识    ┌─────────────────────────────────────────────┐
         例  │  元素 ──│ 知识元素主要是案例教学知识内容的讲解，必须紧紧围绕思想政 │
         教  │          │ 治理论课国家统编教材各个章节的知识点展开。不能脱离主教材 │
         学  │          │ 而另搞一套知识体系。案例教学是理论知识教学的演绎、深化和 │
         设  │          │ 延伸，不能只重视以案例演绎理论知识这一方面，而是要通过开 │
         计  │          │ 展教学改革，切实转变教学观念，深化和延伸知识内容           │
         元  │          └─────────────────────────────────────────────┘
         素  │
             │  情感   ┌─ 案例情感需求   案例困惑   案例情感抒发
             ├─ 元素 ─┤
             │          ├─ 案例选用的兴趣与动机   案例情景设置
             │          └─ 案例情感兴奋点与缓冲点
             │
             │  教学   ┌─────────────────────────────────────────────┐
             │  方法    │ 首先要对教材中的内容进行科学取舍，根据各章节的重点设立不 │
             └─ 与技 ─│ 同的专题，围绕各个专题进行案例选用和案例教学环节设置，开 │
                能元    │ 展案例引入、案例讨论和案例点评。案例教学课件设计要做到图 │
                素      │ 文并茂、音像结合、静动结合，从而在案例教学中更好地引起学 │
                        │ 生的共鸣和共振，提高学生的学习兴趣                         │
                        └─────────────────────────────────────────────┘
```

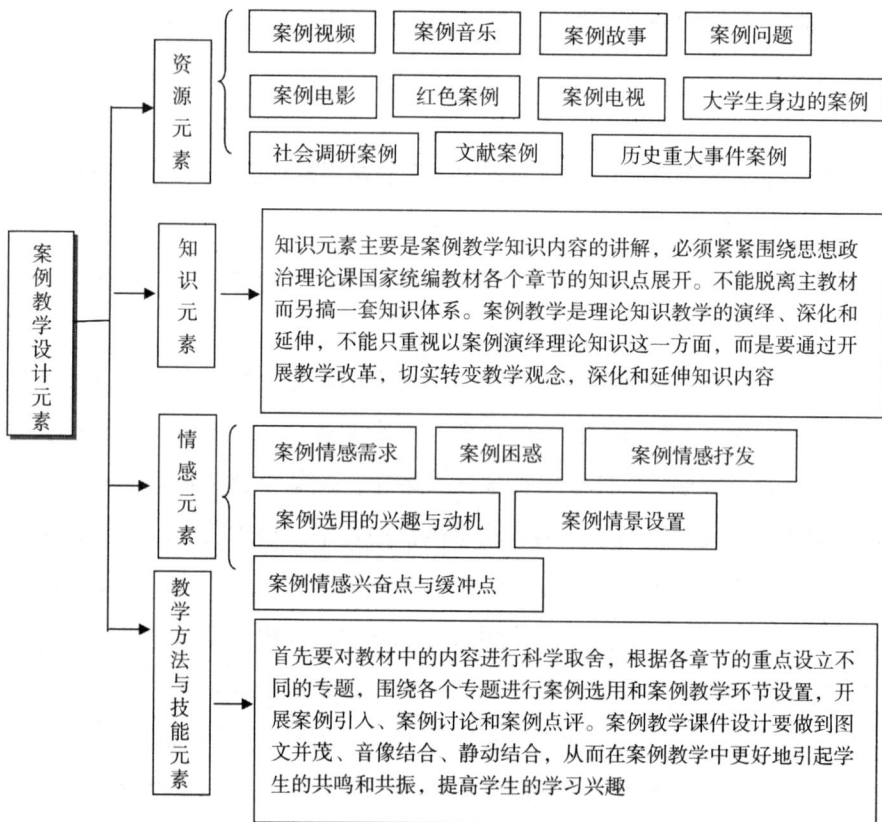

图 5-4　案例教学设计元素及手段

理论知识。在具体实施过程中坚持"三个结合"。一是结合各个专业和学科特点，组织教学相关内容，为各专业做好理论支撑，切实实现提升学生的实际操作和解决具体问题的能力。二是结合学生的思想实际，进行有针对性和实效性的教学组织。大学生是思想理论教育的对象和受体，我们通过课内、课外各种方式的引导，深入了解当地大学生的人生经历和思想状况，增强教学的引领作用。三是结合社会科学、自然科学的最新理论成果进行教学。用最新的理论成就充实教学内容，以增强课程教学的说服力，努力做到理论知识和思想教育与实际成果的有机结合，使课程既具有思想性和知识性，也具有较强的现实成果的可运用性，凸显理论知识的运用对于现实世界的指导意义。鉴于此，项目团队经过集体研讨，确定了案例教学设计流程。

教师在课堂前几分钟就问题进行简短快速的讲授，解答学生困惑，此后就本课堂所要进行的案例分析、团队合作项目进行分工布置，学生以小组为单位就项目主题进行无领导式研讨，之后推选一名同学进行现场汇报展示，教师根据各个小组汇报情况进行点评。（在此过程中，各个小组根据每一名同学的参与情况进行现场互评打分，计入学生平时成绩中）最后，老师就所有小组汇报情况进行汇总点评。

三是探索实施"案例项目评定"的过程性考核方式，结束"一考定终身"的考核方式，更加注重学生的能力培养和价值观塑造。案例教学的考核方式由平时成绩和综合考核成绩两个子系统构成，这两个子系统又分别由两个分子系统所组成。平时成绩包括出勤率和小组讨论两个分子系统。这部分成绩可以由教师和学生共同完成评定，教师通过考勤对学生的出勤率给予评定，学生则在小组讨论中对其他组员的讨论表现进行评定，也可以自评。综合考核成绩包括小组成果汇报和案例分析报告两个分析系统。这部分成绩主要由教师完成评定。小组成果汇报是由小组组长将该小组对案例进行讨论分析之后得出的成果向全体学生进行总结性汇报，教师主要从学生的语言表达能力和对案例综合分析的结果来评定。案例分析报告作为案例教学的最终成果，既能反映学生对理论知识的掌握和理解，又能体现学生对案例进行综合分析的能力。

四、基于任务驱动的思政课专题案例教学实施模块与成效

在基于任务驱动的思政课专题案例教学实施过程中，项目组分别依托案例视频、案例故事、红色案例、大学生身边的案例、文献案例、历史案例等资源元素，以及必须紧紧围绕思想政治理论课国家统编教材各个章节的知识点而展开的知识元素进行了大量搜集和设计工作，并在思政课堂予以实施。

在思想道德与法治课堂围绕红色案例、经典文献案例等开展了"信仰的力量——马克思主义经典著作诵读"的模块教学。一方面，激发当代大学生对马克思主义经典作品的阅读兴趣，让大学生自觉地学习马列经典，追求时代真理，培养有思想、有情怀、有担当的青年马克思主义者；另一方面，使当代大学生领悟经典名著的精神实质，勇于实践经典名著思想原则，学会运用经典名著中所阐明的立场、观点和方法来重新观察、分析社会发展历史进程，认清人类社会发展的客观规律和必然趋势，做一个坚定的马克思主义者；在中国近现代史纲要课堂上围绕案例故事、红色案例、大学生身边的案例、文献案例、历史案例等进行了口述史讲述活动，旨在激发大学生对国史、党史、家史的了解与感悟。在马克思主义基本原理课堂上围绕红色案例、经典文献设置了原著案例讲解模块。该模块主要从七篇文章或著作中遴选选读篇目或内容进行选读讲解，重点考察学生对所读书目的理解与感悟。以学生输出为主，旨在让学生通过研读相关经典著作，形成读书报告或读书感想，从更深层次提高自身的哲学素养、文化修养、思辨能力，培育学生树立正确的理想信念和价值观导向。具体运行模式与研究成果如下：

（一）开发运用了原著案例选读讲解模块

该模块主要以学生输出为主，旨在让学生通过研读相关经典著作，形成读书报告或读书感想，从更深层次提高自身的哲学素养、文化修养、思辨能力，培育学生树立正确的理想信念和价值观导向。从以下著作中遴选选读篇目或内容：《青年在选择职业时的考虑》（马克思）、《共产党宣言》（马克思、恩格斯）、《资本论》（马克思）、《实践论》（毛泽东）、《矛盾论》（毛泽东）、《在实现中国梦的生动实践中放飞青春梦想》（习近平）、《习近平七年知青岁月》等。

1.《青年在选择职业时的考虑》（马克思）

书目简介：《青年在选择职业时的考虑》是马克思发布的中学毕业论文，表达了为人类服务的崇高理想。

选读目的：了解青年马克思的职业选择和人生路径，感悟如何将个人理想与社会理想有机结合，进而树立为人类服务的崇高理想。

价值导向：引导学生树立正确的人生观、择业观、价值观，以及为人类服务的崇高理想。

2.《共产党宣言》（马克思、恩格斯）

书目简介：《共产党宣言》是马克思和恩格斯为共产主义者同盟起草的纲领，是国际共产主义运动第一个纲领性文献，是马克思主义诞生的重要标志，由马克思执笔写成。1848年2月21日在伦敦第一次以单行本问世，2月24日，《共产党宣言》正式出版。《共产党宣言》第一次全面系统地阐述了科学社会主义理论，指出共产主义运动将成为不可抗拒的历史潮流。2015年11月，被评为最具影响力的20本学术书。

选读目的：了解马克思主义的历史观，马克思主义诞生的标志，科学社会主义的基本理论，理解和感悟其中蕴含的马克思主义科学原理和科学精神。

价值导向：引导学生树立共产主义的远大理想以及对和平幸福美好生活的不懈追求。

3.《资本论》（马克思）

书目简介：《资本论》（全称《资本论：政治经济学批判》）是马克思创作的政治经济学著作，首版出版于1867年9月14日的德国汉堡。《资本论》全书共三卷，以剩余价值为中心，对资本主义进行了彻底的批判。第一卷研究了资本的生产过程，分析了剩余价值的生产问题。第二卷在资本生产过程的基础上研究了资本的流通过程，分析了剩余价值的实现问题。第三卷讲述了资本主义生产的总过程，分别研究了资本和剩余价值的具体形式。这一卷讲述的内容达到了资本的生产过程、流通过程和分配过程的高度统一，分析了剩余价值的分配问题。

选读目的：了解商品经济运动的一般规律，理解资本主义经济制度的本质以及资产阶级对工人的无情压榨，感悟马克思孜孜不倦的研究精神以及对资本主义的正义性批判。

价值导向：引导学生运用马克思主义的立场、观点、方法，准确认识资本主义生产方式的内在矛盾，坚定中国特色社会主义的"四个自信"。

4.《实践论》（毛泽东）

书目简介：《实践论》是毛泽东关于马克思主义认识论的代表著作。写成于 1937 年（丁丑年）7 月。由于中国共产党内的教条主义和经验主义的错误思想，使中国革命在 1931—1934 年遭受极大的损失。《实践论》就是毛泽东借用马克思主义的认识论观点揭露党内的教条主义和经验主义，特别是教条主义的主观主义错误而写的。这篇著作原是毛泽东在延安抗日军事政治大学讲授哲学时的讲义中的一部分。1951 年收入《毛泽东选集》第 1 卷。

选读目的：了解马克思主义认识论的基本理论，掌握认识和实践即知和行的关系，感悟毛泽东运用马克思主义认识论对教条主义和经验主义的批判，进而掌握正确的方法论。

价值导向：引导学生树立正确的实践观和辩证唯物论的知行统一观。

5.《矛盾论》（毛泽东）

书目简介：《矛盾论》是毛泽东哲学代表著作。它是毛泽东继《实践论》之后，为了克服存在于中国共产党内的严重的教条主义思想而写的。该书运用唯物辩证法总结了中国共产党领导中国革命斗争的实践经验，从两种宇宙观、矛盾的普遍性、矛盾的特殊性、主要的矛盾和矛盾的主要方面、矛盾诸方面的同一性和斗争性、对抗在矛盾中的地位等方面，深刻地阐述了对立统一规律。而对立统一规律则是辩证法的实质和核心的思想。

选读目的：了解唯物辩证法关于对立统一规律的基本原理，感悟毛泽东对党内教条主义的批判及中国革命斗争的实践经验。

价值导向：引导学生树立正确的矛盾观、运用马克思主义唯物辩证法分析和解决问题。

6.《在实现中国梦的生动实践中放飞青春梦想》（习近平）

书目简介：《在实现中国梦的生动实践中放飞青春梦想》选自《习近平谈治国理政》，系习近平总书记在2013年5月4日同各界优秀青年代表座谈时对当代中国青年的殷切期望，号召当代青年在实现中国梦的生动实践中放飞青春梦想，在为人民利益的不懈奋斗中书写人生华章。

选读目的：体会和感悟习近平总书记对当代中国青年的殷切期望，树立共产主义的远大理想，在实现中国梦的生动实践中放飞青春梦想，在为人民利益的不懈奋斗中书写人生华章。

价值导向：引导学生树立正确的人生观、价值观，以及为实现中华民族伟大复兴的中国梦而不懈奋斗的崇高理想。

7.《习近平七年知青岁月》

书目简介：《习近平的七年知青岁月》是中央党校策划组织的系列采访实录，从2016年11月底到2017年3月中旬在中央党校《学习时报》连载。通过29位受访者讲述自己当年亲身经历的往事，用真实的历史细节再现了习近平总书记1969年1月至1975年10月在陕北黄土高原七年知青岁月的艰苦生活和成长历程。采访实录刊出后引起读者强烈反响。

选读目的：了解习近平总书记当年"苦其心志、劳其筋骨、饿其体肤、空乏其身"的历练故事，体会习近平总书记知青时期的艰苦生活和成长历程，感悟青年习近平矢志不渝的理想追求、爱国为民的家国情怀、勤奋好学的进取精神、求真务实的良好作风、吃苦耐劳的优秀品质。

价值导向：引导当代青年树立正确人生观、激励广大青年砥砺奋进，进一步坚定理想信念、坚守精神追求，进一步激发家国情怀和为党和人民事业艰苦奋斗的历史使命感。

任课教师可从以上7本书中任选4本，安排学生进行选读讲解，重点考察学生对所读书目的理解与感悟。

操作流程：（1）课前布置。任课教师根据班级实际情况划分若干研读小组，分配研读内容，提出研读要求。（2）课中实施。根据课前的任务分配，任课教师采用小组汇报和随机抽取的方式检测研读效果，并进行量化考评，计入平时成绩。任课教师在听取完汇报后要进行总体评价和讲解。

（3）课后反馈。每个小组的成员将研读原始批注、研读笔记、研读感想上传至学习通或交纸质材料留档。

预期效果：每位同学或研讨小组形成不少于 500 字的研读感想或原声音频，任课教师在所教授的班级中择优推出 3~5 篇在公众号发布。

（二）设计开发运用案例研讨解析模块

在马克思主义基本原理课堂教学中，开发设计了《中国的文明观：让世界看》《习近平新年首次考察：时隔两年再赴雄安》《我将无我，不负人民》等专题教学案例，并设计了实施方案，开展了专题案例教学。具体设计如下：

研讨目的：深化学生哲学理论知识，历练学生创新思维，提升学生实践能力，力求达到因材施教、个性发展。

研讨主题：按照理论专题讲解模块进行分类化案例搜集与设计，具体案例详见马克思主义基本原理专题化案例库。

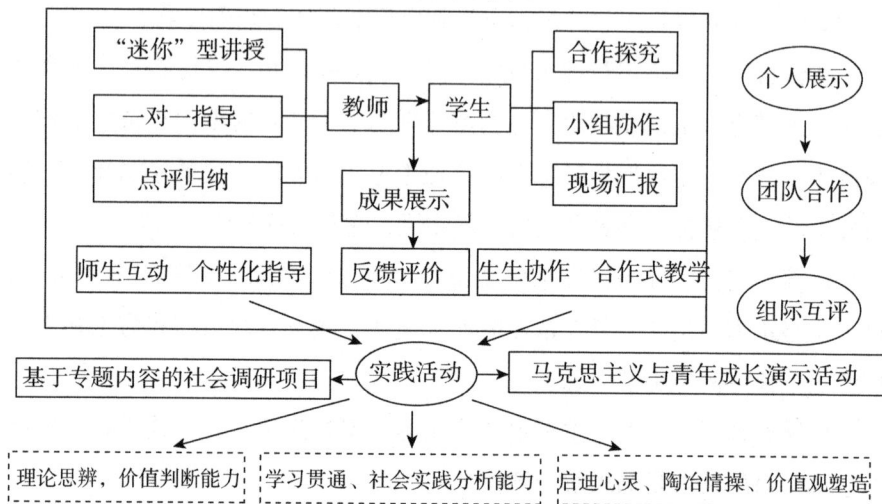

图5-5 课中合作探究模式图

预期实效：每个小组在完成案例研讨后要形成实践报告，报告要结构严谨规范，逻辑性强；全面如实阐述案例内容或社会问题；问题解决措施和方案合理、到位；报告中要体现个人见解或结论；理论和观点正确，语言简洁流畅，叙述清楚明了。

（三）开发撰写了 20403 字符的《农村改革的践行者：小岗村 40 年的变迁史（1978—2018）》，并设计了使用说明书。（相关设计表格见附件）

表 5-6 农村改革的践行者：小岗村 40 年的变迁史（1978—2018）数据统计

总体字数	主体部分	思考题	时间跨度	涵盖知识点	参考文献
20403 字	10 个	12 道	40 年	19 个	9 个

表 5-7 农村改革的践行者：小岗村 40 年的变迁史（1978—2018）简图

改革理论基础	改革思想方法	改革实践主体	改革思想观念转变	改革引领者	改革目标
中国特色社会主义思想（邓小平理论、"三个代表"重要思想、科学发展观、习近平新时代中国特色社会主义思想）	1. 摸着石头过河；2. 黑猫白猫论；3. 实事求是；4. 实践思维能力；5. 创新思维能力	小岗村 18 户农民——小岗村改革第二代——小岗村改革第三代	姓"资"姓"社"的争论——"三个有利于"的运用——以人为本——人民对美好生活的向往	一代代中国共产党人	解决温饱问题——满足物质文化需求——满足美好生活需求

表 5-8 案例使用说明书

教学目标	了解小岗村 40 年间的巨大变迁；理解改革开放理论的现实意义；感悟中国改革开放 40 年间的巨大飞跃，树立对中国特色社会主义的理论自信、道路自信、制度自信和文化自信
适用课程	毛泽东思想和中国特色社会主义理论体系概论
专业年级	所有本科专业
涉及知识点	邓小平理论、"三个代表"重要思想、科学发展观、习近平新时代中国特色社会主义思想
配套教材	《毛泽东思想和中国特色社会主义理论体系概论》2018 年版
启发思考题	
分析思路	背景分析、主体思想分析、启示分析
理论依据与分析	改革开放的相关理论 政治导向性、思想教育性、现实针对性
背景信息	改革开放前小岗村"吃粮靠返销、用钱靠救济、生产靠贷款"，以逃荒要饭"闻名"。改革开放后小岗村 18 户农民按下红手印，以"托孤"的形式立下生死状，签订"大包干"契约将土地承包到户，联产承包责任制的推行，极大地调动了农民的生产积极性，促进了农业生产的快速发展。
关键要点	小岗村　农村改革　大包干　沈浩　乡村振兴

建议课程 计划	整个案例课的课堂时间控制在 90~120 分钟 1. 课前计划：提出启发思考的问题，请学生在课前完成《毛泽东思想和中国特色社会主义理论体系概论》第四章至第八章的自学和本案例的阅读和初步思考。 2. 课中计划： 简要的课堂发言，明确主题（3~5 分钟） 分组讨论　　　　　　　　　（30 分钟） 告知发言要求 小组发言　　　　　　　　（5 分钟，控制在 30 分钟） 引导全班学生进一步讨论，并进行归纳总结（15~20 分钟） 3. 课后计划：如有必要，请学生采用报告形式给出更加具体的解决方案，包括具体的职责分工，为后续章节内容做好铺垫

第五节　基于"四可"的思政课专题实践教学模式改革案例

思政课实践教学是一种与理论教学相对的教学理念和教学方式，以思政课教学总目标为导向，立足思政课课程教学内容，强调学生的参与性和体验性；教学模式包括以下基本要素：教学的目标与任务、教学的理念或思想、教学的方法与手段、教学的环境与条件、教学的过程与程序、教学的考核与评价等；思政课实践教学模式就是利用课堂、校园、社会、网络等教学环境，对思政课实践教学的目标、内容、方法、手段、过程、考核与评价等进行设计和安排，从而建立起的程序化、标准化、可操作化的思政课实践教学运行方式。

从 2009 年开始，历经 12 年的探索与实验，河北金融学院在思想政治理论课实践教学方面基本形成具有"四可"实践教学范式、十大实践教学步骤、六大实践教学主题的思政课实践教学模式，全面启动了思政课教学创新，大刀阔斧地改革思政课教学内容、教学设计、教学过程、教学主体、教学方法、教学场地和考核方式，这些改革举措在一定程度上提升了学校思政课的实效性和感染力。特别是实践教学项目，"四可"实践教学模式突破课时、课酬、课堂、校门的四大局限，坚定走出形式主义的泥沼，真正走向社会大舞台，让学生们学有所用、用有所思、思有所得，实践教学的精细化水平有了明显提升，有效提高了思想政治理论课教学的吸引力、感染力。

（一）可选择性设计

实践教学的可选择性是指学生可以根据自己的需求与兴趣对实践教学的种类、类型、主题、项目与指导教师进行自由选择。具体设计是，首先根据实践教学开设地点的差异，将实践教学设定为校内实践教学与校外实践教学2大种类。然后，按照学生能力培养的目标，将校内实践教学设定为学习领悟能力型、组织管理能力型、调查分析能力型和综合能力型4个类型，将校外实践教学设定为体验感知能力型和调查分析能力型2个类型。最后，按照贴近教材、贴近实际、贴近学生、贴近教师的原则，为这2大种类6个类型的实践教学分别设定适宜的多样化的课题和明确的指导教师。其思路就是先种类化，再能力类型化，最后是主题多样化和指导教师明确化，由此确定学生实践教学种类、能力、主题、指导教师的选择范围，以供学生在学期之初，根据自己的兴趣与条件，自主选择一项校内主题和一项校外主题。其逻辑思路如图5-6。

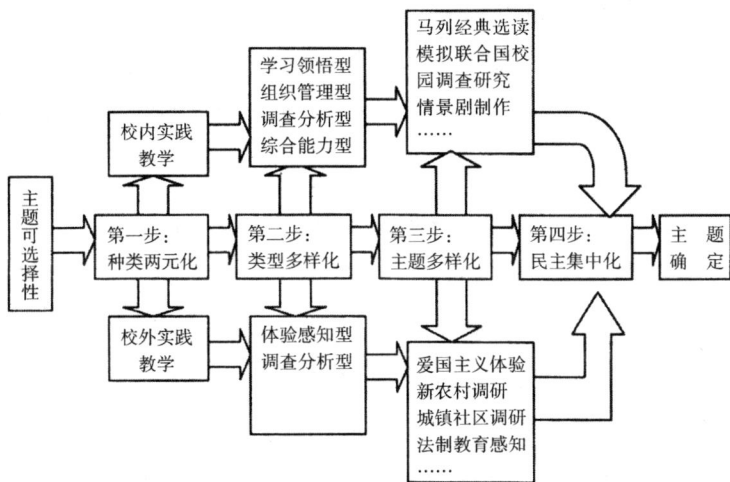

图 5-6　可选择性的设计思路

当然，可选择性只是教学设计的初衷和设计者的美好愿望及努力方向，有一定的前瞻性和非现实性。在实际操作过程中，由于实践教学主题的多样化，完全由学生自主选择，有时会造成主题的过度分散。受时间、财力、师资的局限，主题过于分散将导致实践教学无法高质量完成。因此，在学生自主选择的基础上，按少数服从多数的原则，将学生所选课题适度归集，最终确定一项校内课题和一项校外课题作为学期实践教学的主题，集中所有人力物力财力，全力以赴予以完成。因此，实际教学主题的选定是一个民主集中的产物。实践教学主题产生的民主集中过程既是实践教学的重要组成部分，也是实践教学的第一步。

二、可操作性设计

可操作性是指按工业生产中的流水线方式，从逻辑和实践两个方面设计实践教学的路线图，实现思维逻辑与具体实践的统一，保证其整个教学流程的可操作性和完整性。

（一）逻辑上的可行性：思维路线图

逻辑上的可行性是实践教学可操作性的前提，它是指依据工业生产中流水线的设计思路，将实践教学的诸要素按教学实践的先后次序横向排列，将实践教学的诸环节按教学实践的先后次序纵向排列，实现实践教学横向流水与纵向流水的统一，保证实践教学的无缝衔接。工业生产中的流水线，从横向看是由岗位、员工、责任、产品、效能、质监等要素构成的，从纵向看是由劳动分工所决定的相互衔接的不同环节构成的。只有在各要素齐全、各环节圆满，且都各就各位、各司其职和环环相扣的状态下，整个流水线才能顺畅连贯运行。具体到实践教学，要像工业流水线的工艺流程一样运行顺畅，其教学的诸要素如教学岗位、指导教师、教学内容、教学成果、教学目的、教学监控等必须做到在空间上的横向并存、不可缺失，其教学的诸环节如主题选择、主题认知、联系基地、后勤保障、实施过程、课后升华等必须做到在时间上的纵向继起、前后相继。具体的逻辑思维路线图如下图5-7所示。

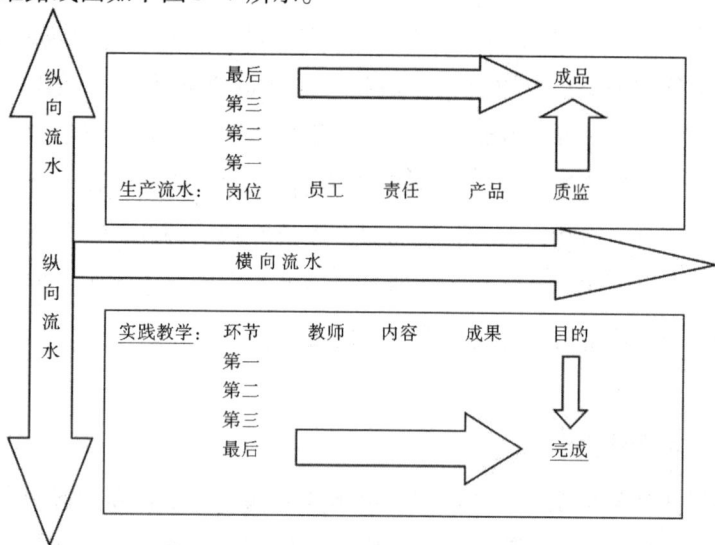

图5-7　逻辑上的可行性：思维路线图

（二）实践上的可操作性：行动与技术路线图

实践教学的逻辑思维路线图是实践教学的思想指导，为其可操作性提供了思想保证和理论上的可能性。要使这种理论可能性变为现实性，还必须把思维路线图演绎为比较具体的行动与技术路线图，将实践教学的所有要素和所有环节通过专业技术分工串联成一个整体系统，从而确保实践教学可操作性的软着陆。实践教学的行动与技术路线图是对逻辑思维路线图的具体化，同时又是对所有教学课题实际操作流程的抽象化，具有较为普遍的适用性和指导性。简单而言，主要通过实践教学横向要素的空间并连和纵向要素的时间串连来绘制，从而较为清晰地描绘出一个实践教学课题由一纸蓝图变成现实教学成果的行动与技术路径。由于这一路径较为复杂，很难通过单一图形简约再现，不得已以表5-9和图5-8的形式来说明。表5-9是这一行动与技术路线图的技术内涵，图5-8是这一行动与技术路线图的外在意象。

当然，由于实践教学有太多的不确定性和不可预测性，严格按照工业生产流水线模式操作在教学实践中不太实际。所以，针对实践教学的不同环节，有时按照时间上的继起性操作，有时为了提高效率则按空间上的并存性同时操作。但总体上是流程化的，每位老师都处于流程中的某个环节，如果某个环节出了问题，整个教学活动就会受影响，因此，实践教学需要具有强大凝聚力和战斗力的教学团队，有了这样的教学团队，实践教学在某种程度上就可以达到自动化的效果。

表5-9 校外实践教学行动与技术路线图

实践教学起点	横向要素配合							
	1. 教学阶段	2. 教学环节	3. 指导教师	4. 教学内容	5. 技术要求	6. 时间	7. 教学成果	8. 督导
纵向环节配合	（1） 课前准备 认知阶段	① 选题指导	任课教师	教学简介 选题说明	引导能力	第一周	教学大纲 教学计划	教务处
		② 主题归集	主导教师	收集意向 集中主题	决策能力	第二周	统计决议书	
		③ 主题辅导	任课教师	研究现状 意义方法 参考文献	理论能力	第三周	研究综述 项目策划 调查问卷	
		④ 联系基地	主导教师	确定时间 地点路线 接洽方式	沟通能力	第四周	行动路线图	
		⑤ 准备后勤	主导教师	确定车辆 食宿安全	协调能力	第四周	总预算表	马克思主义学院
	（2） 课中实施 体验阶段	⑥ 过程实施	实践团队	确定对象 划分小组 具体指导 保证安全	调查能力	第五至 八周	日志图片 影像问卷 其他资料	
		⑦ 资料收集	实践团队	资料保存 小组总结	发现问题			
	（3） 课后总结 升华阶段	⑧ 资料分析	任课教师	方法指导	分析能力	第五至 八周	研究初稿	
		⑨ 成果撰写	任课教师	提出建议	解决问题		论文报告 其他作品	
		⑩ 经验交流	实践团队	总结得失	总结能力		总结辞	
		⑪ 成果保存	教学秘书	汇编保存	规范能力		成果册： 教学终点	

182

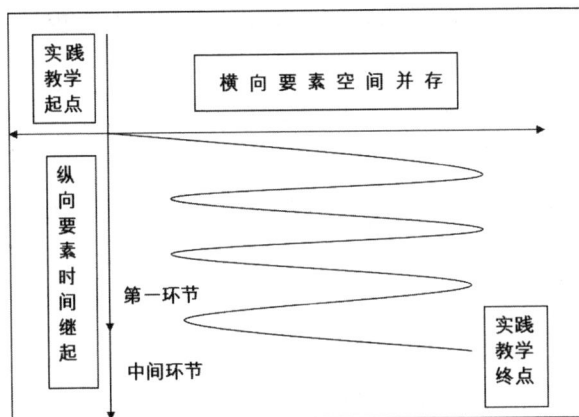

图 5-8　实践教学行动与技术路线图外在意象

（三）可计量性设计

与课堂理论教学相比，实践教学的一个难点在于，教师工作量难以精确计量。尽管我们常说钱不是问题、不是钱的事，但如果不解决这一问题，不仅削弱教师工作的积极性，也会产生许多实际矛盾，大大降低工作的效率，以至开展不起来、进行不下去。

当然，实践教学的难处的确不是钱的事，是激励制度设计的事，是按劳取酬的事，是公平合理的事。只有形成较为科学的激励机制，特别是能够较为准确地计量教师工作量的办法，实践教学的可持续性才能得到可靠保障。

在这方面，河北金融学院马克思主义学院的做法是，根据马克思主义政治经济学劳动二重性原理，将实践教学划分为抽象劳动与具体劳动。通过抽象劳动确定实践教学工作量的一般计量公式，通过具体劳动核算每位教师的实际工作量。

一般计量公式的设计是，根据实践教学的流程，先将实践教学环节化。为了强化这一公式的广泛适用性，实践教学的环节化应兼顾不同类型的实践教学，力求齐全标准。其次，比照理论课课时标准，根据实践教学环节的复杂程度和时间长短确定每个教学环节的课时，最后，把每个教学环节的课时加总就可以得出实践教学的一般标准工作量。当然，再完美的制度设计也不能完全涵盖教师在教学实践中的所有工作，其在技术上无法统计的工作量称为不可计工作量，不计算课时。但为了充分体现教师实际工作状态和奉献精神，实践教学工作量的一般计量公式必须加上这部分不可计工作量。

上述思想用公式表示如下：

（一）一般工作量计量公式

设实践教学的标准工作量为 W，可计工作量为 X，不可计工作量为 Z；设实践教学环节为 S1、S2、S3……SN，对应的课时分别为 X1、X2、X3、……XN。则实践教学工作量的一般计量公式为：

$$W = X + Z = (X1 + X2 + X3 + \cdots. XN) + Z$$

（二）实际工作量计量公式

尽管有了一般工作量，但每个教师的实际工作量还是很难计量的。因为实际情况是千差万别的。为此，我们细分了如下三种情况：

一是某实践教学完全由一名教师全程指导。这时，其实际工作量就等于一般标准工作量。设实际工作量为 M，则 M = W。（公式一）

二是在团队教学中，对于单课堂的教师而言，其实际工作量等于其实际参加的教学环节课时之和。假设该教师没有参加 S2 环节的教学，则其实际工作量

$$M = (X1 + X3 + \cdots. XN) + Z。（公式二）$$

三是在团队教学中，对于多课堂教师而言，有些教学环节需要多次重复，有多少课堂就重复多少次。这时，则其实际教学工作量就等于重复环节的课时乘以重复次数，再加上没有重复的教学环节课时。假设该教师带 K 个班级，他没有参加 S2 环节的教学，但在 S3 环节重复了 K 次，则其实际工作量为 M = (X1 + X3 × K + \cdots. XN) + Z。（公式三）

（四）可分合性设计

实践教学具有涉及因素多、不确定性多、教学周期长、时断时续性突

出、专业综合性强、非教学中心、非专职等特点，这使其教学组织与教学实施难度极大。为适应实践教学的特点，实践教学设计必须做到可拆分可整合，以便既能集零为整，又能化整为零；既能依次而行，又可同时并举。

实践教学的可分合设计主要体现在两个方面。首先是在教学流程上，我们把一个完整的教学流程划分为 3 个阶段、11 个环节，这是化整为零。也只有这样，才能根据教学要求与教师特长进行科学严谨的工作分工，从而既可以使不同教学环节在纵向上相互联结，又可以使同一教学环节在横向上不断扩张（在多个课堂重复）。其次是在教学主体安排上，初始准备预习阶段和课末总结升华阶段主要由各任课教师独立完成，课中实施体验阶段则由教学团队共同承担。教学主体的分合可以具体考虑每个教师的实际情况，合理安排教学内容，以保证整个教学团队的凝聚力和战斗力。

我们在探索并逐渐形成了"可设计、可操作、可计量、可分合"的"四可"实践教学模式的同时，也存在一些问题和不足。例如：实践课课时实施不固定，需要协调多部门共同开展；实践教学活动的规模和次数受到局限，只能照顾到点而不能照顾到面；实践教学基地类型较多，但在开拓新类型基地方面困难较多，因为一些基地需要为其提供一定的帮助和支持，而在这方面又缺乏后劲；在具体实施过程中容易与学校相关部门组织的社会实践冲突；课程主要局限于常规的少数活动，并且在时间上没有持续性等。根据不同的教学目标和教学资源，选择适当的多样化课程体系还有待进一步探索。

当代大学生的思想政治教育是一个系统工程，尤其是在实践教学方面想要搞出新思路、新方法、新创意就更为艰难。思想政治理论课实践教学应本着"大实践"教学理念，坚持理论和实践相结合，开展多样化的实践教学方式，逐渐使思想政治理论课实践教学制度化、规范化、常规化，并逐渐形成高校思想政治理论课独特的实践教学模式。

第六章

基于专题任务驱动的高校思政课改革的保障机制和评价体系

思想政治理论课是落实立德树人根本任务的关键课程。思想政治理论课的课程性质和教学价值目标决定了思政课不能因循守旧、固步自封，必须随着时代的发展、国家的育人要求和自身的教育使命与时俱进、改革创新。因此，深化思想政治理论课改革创新是新时代思想政治理论课教学的必由之路。但思想政治理论课教学的改革成败直接关乎我国的社会主义办学方向，关乎"培养什么人、怎样培养人、为谁培养人"这一根本性问题，必须要确保改革的成功。为此，构建切实可行的保障机制和科学合理的评价体系是"护航"和"纠偏"思想政治理论课教学改革的必要举措。基于专题任务驱动的高校思政课教学模式作为一种改革路径，要想确保其改革的成效，也必须要构建切实可行的保障机制和科学合理的评价体系。

第一节　基于专题任务驱动的高校思政课改革的保障机制

思想政治理论课改革创新是一个系统工程，仅仅靠思政课教师单打独斗、各自为战是无法成功的。基于专题任务驱动的高校思政课教学改革不仅仅涉及课堂教学改革，还需要学校、马克思主义学院、教务处、党委宣传部、校团委等不同部门的通力合作。因此，要确保教学改革取得实效，必须要完善工作机制、优化师资队伍、营造思政氛围，构建学校党委统筹、马克思主义学院和各职能部门谋划、思政课教师和辅导员具体实施的保障机制。

一、完善工作机制，健全组织保障

完善顶层设计、组织架构和制度安排，是推进思想政治理论课教学改革创新的最根本保障。2019 年，中共中央办公厅国务院办公厅印发《关于深化新时代学校思想政治理论课改革创新的若干意见》，明确指出："地方各级党委要把思政课建设作为党的建设和意识形态工作的标志性工程摆上重要议程，党委常委会每年至少召开 1 次专题会议研究思政课建设，抓住制约思政课建设的突出问题，在工作格局、队伍建设、支持保障等方面采取有效措施。"①因此，推进基于专题任务驱动的高校思政课教学改革创新必须要完善工作机制，健全组织保障。

（一）建构学校党委统筹的大思政工作格局

工作格局是否完善关乎思想政治理论课改革创新工作构架是否科学稳固。提升高校思想政治理论课实效性必须要优先构建完善的工作格局。要充分发挥学校党委对思想政治理论课改革创新的组织协调和政治引领作用，构建由学校党委统一领导部署，统筹多元主体，整合多方资源，协同多种要素，充分发挥马克思主义学院自主性、创新性，形成各职能处室、二级学院、教辅部门协同推进的思政课改革创新工作格局。

1. 构建学校、家庭、社会"三位一体"思政教育生态体系

习近平总书记指出："'大思政课'我们要善用之，一定要与现实结合起来……思政课不仅应该在课堂上讲，也应该在社会生活中来讲。"② 深化思想政治理论课改革创新，提升思想政治理论课教学实效性本身需要多元主体联动推进。高校党委要不断创新理念，强化探索，通过学校、家庭、社会三者在教育理念、方式方法上的最优组合，发挥合力效应，实现思政

---

① 中共中央办公厅 国务院办公厅印发《关于深化新时代学校思想政治理论课改革创新的若干意见》，(2019-08-14)［2022-3-02］。

② "大思政课"我们要善用之（微镜头·习近平总书记两会"下团组"·两会现场观察），《人民日报》，2021 年 3 月 7 日第 1 版。

教育的"广度""深度"和"效度"的有机统一，形成以学校教育为主体、家庭教育为基础、社会教育为平台的"三位一体"思政教育生态体系。一是构建学校思政教育与社会红色教育资源的共享育人体系。社会是一个大"课堂"，社会红色教育资源的丰富性为学校思政教育的社会延伸提供了平台支撑。要建立课堂、校园和社会无缝对接的思政育人体系，克服学校思政教育与社会红色教育之间的"错位"和"两张皮"现象。将社会红色教育资源，如爱国主义教育基地、革命遗址、先进人物等作为思想政治理论课专题资源，将社会红色教育资源融入学校思政教育之中，为思想政治理论课教学改革提供资源保障，推动思想政治理论课教学改革创新；二是构建学校教育与家庭教育的合作共育体系。家庭教育是整个教育体系中不可分割的重要组成部分，家庭教育是教育的起点和基点。要通过"请进来""走出去"等形式构建学校思政教育与家风家教的合作共育体系。比如，通过邀请学生家长以"思政观察员"的身份走进校园、走进课堂、走进宿舍，弘扬优良家风家教；另一方面，学校思政课教师以"大家访""校家群"等形式，走进学生家庭，了解家庭教育状况，实现学校思政教育与家风家教的同心、同步、同向。

2. 构建学校领导听、讲、评、备思政课工作机制

高校党委对思想政治理论课的重视不仅要体现在完善顶层设计、组织谋划方面，而且还要构建与思政课"基层落实"的长效机制。中共中央办公厅国务院办公厅印发《关于深化新时代学校思想政治理论课改革创新的若干意见》明确指出要推动建立高校党委书记、校长带头抓思政课机制。这一要求明确了高校党政主要领导对思政课建设的工作职责。高校领导只有深入了解学生，才能把握学生思想动态；只有带头听、讲思政课，才能深入掌握思政课的症结所在；只有经常同思政课教师进行谈心谈话，才能解决思政课教师的授课困惑。因此，高校党委要切实构建学校领导联系思政课教师制度，学校领导听、讲、评、备思政课工作机制。

一是实现全体校领导联系思政课教师工作机制。通过校领导定期与思

政课教师进行谈心谈话、工作交流，深入了解思政课教师在生活、学习、工作中的实际问题与困惑，帮助思政课教师解决生活中的困难、学习中的困惑、工作中的问题，消除思政课教师的后顾之忧，使思政课教师潜心教学、匠心育人。

二是落实学校领导听、讲、评、备思政课工作机制。为推动高校党委书记、校长带头抓思政课机制建设，国内一些高校党委创新举措，推动思政课教学改革创新，如中国人民大学不断完善学校各部门协同推进思政课建设的"兵团式"工作机制，兰州大学推出"校领导为思政课教师做助教工作制度"等，这些举措直接拉近了高校领导与思政课之间的距离，为思政课教学改革创新提供了有效保障。因此，为确保思政课教学改革实效性，必须要构建高校领导与思政课直接接触的长效机制，落实学校领导听、讲、评、备思政课工作机制。听思政课，即高校领导要定期深入思政课堂，观摩听课，了解学生听课状态，掌握思政课教师讲课水平，把握思政课教学质量，发现先进典型、特色做法，改善传统守旧方式，为做好思政课教学改革创新的顶层设计汲取素材。讲思政，即高校领导要定期带头深入教室，走上讲台，结合自身专业背景和学科特点讲授思政课，丰富思政课专题内容，创新思政课专题授课方式，提升思政课专题授课实效性。评思政，即高校领导要在前期听思政课和讲思政课的基础上，从"为党育人，为国育才"的高度定期深入马克思主义学院或各课程组，针对出现的问题和发现的先进典型、特色做法进行综合测评分析，对班级学情分析、教学目标、教学内容、教学专题、教学方式、考核方式等环节和领域逐一研判，查找不足，寻求改进良方。备思政课，即高校领导要定期深入教研室或课程组同思政课教师一起集体备课（备学生、备教材、备教法、备学法），从讲什么（教学内容）、怎么讲（教学设计和教学方式）、为什么讲（教学目的）等层面共同研究，特别是针对专题教学，要重点研究专题内容是否合适、任务驱动如何开展、教学效果如何达成等问题。

3. 构建思政课教学与思政工作协同创新发展机制

一是推动高校思想政治理论课教学与高校思想政治工作的高度融合。从教育目标上讲，高校思想政治理论课教学与高校思想政治工作具有同质性。思想政治理论课教学和思政工作是高校思政教育的两个重要组成部分，二者各具优势与特色，共同担负立德树人根本任务。其中，高校思政课是落实立德树人根本任务的关键课程，是对大学生进行思政教育的主渠道；高校思想政治工作是学校各项工作的生命线，是对大学生进行思政教育的主阵地。近年来党和国家先后召开全国高校思想政治工作会议和学校思想政治理论课教师座谈会，进一步强调做好思政工作和办好思政课的重要性和紧迫性。事实上，只有实现二者的有机统一，将思政课的学理性、思想性和思政工作的亲和力、针对性结合起来，才能提升思政育人的总体效果。要充分发挥思政课教师、党政领导、辅导员、教辅工作人员等思政育人主体的协同作用，统筹思政课改革与高校思政工作体系创新，促进二者的有机统一和深度融合，唯有此，才能不断丰富思政课专题教学资源，创新任务驱动方式方法，提升思政课教学实效性。

二是思想政治理论课教学改革要充分利用校内思想政治教育优质资源，实现思政课教师队伍和辅导员队伍的有效对接，提升思想政治理论课教学的亲和力和实效性。一方面将思政课教师选派担任学生班主任，另一方面各学院选派优秀辅导员承担思想政治理论课教学任务。实现马克思主义学院和学生管理部门之间的横向合作，进而内外结合、里外呼应，充分发挥思政课教师、辅导员的优势，营造思政育人"大场域"，实现1+1>2的效果，共筑育人之本。要搭建起思政课教师与各专业教师互动交流的公共平台，建立健全教师"思政能力"的培训机制，形成各专业教师通力合作、协同并举的育人格局。唯有如此，才能进一步明确学生的理论难点、思想堵点与情感痛点，找到思政育人的切入点，从而有针对性地挖掘思政素材，提升思政育人实效。

（二）实施思政课改革创新基础建设工程

马克思主义学院作为思想政治理论课教学与研究的专门机构和执行单

位，承载着思想政治理论课改革创新的重要教育使命。马克思主义学院要实施思政课改革创新基础建设工程，以制度建设保障专题任务驱动的高校思政课教学改革见实效，以制度建设引导思政课教师严谨治教，规范思政课考核方式。在思政课程教案、讲稿、课件、教学设计等工作上严格要求教师，强化教研室教学主导功能。以教研室为单位建立健全严格的新教师助教制度、集体备课制度、教师听课互评制度、集中命题制度等，确定每门课程集体备课牵头人。每学期举办至少1次教学竞赛，以教学支撑竞赛，以竞赛促进教学。

1. 实施新教师助教制度，为思政课教学改革创新提供后备师资保障

思想政治理论课教学改革创新需要充足的师资保障。新进思政课教师作为"初学者"必然要经历助教阶段，这是教师成长的必经阶段。建立健全并实施新进教师助教制度，不仅可以帮助青年教师尽快成长，也可以推动思政课教学改革创新。对于专题任务驱动的高校思政课教学改革而言，课堂教学不仅需要主讲教师的精彩授课，而且还需要课前、课中、课后大量的工作，如专题教学案例的搜集整理、专题教学设计、课堂教学组织、课后作业评判等，需要有助教来配合完成。建立健全并实施新进教师助教制度可以以制度化的方式保障专题任务驱动的思政课教学改革有效实施。马克思主义学院要根据新进教师的学科专业背景、研究方向、课程教学需要等为新进教师配备导师（导师组），构建"以老带新、以新促老"的师师成长共同体，为新进教师制定培养计划，明确培养任务，从政治素养、教学业务、科研能力、职业道德等方面开展全方位指导。新进教师助教制度要明确新进教师的工作职责。协助导师（导师组）完成日常思政课教学工作，参与导师（导师组）的教育教学改革项目和科学研究项目，帮助导师（导师组）搜集整理思政课教学专题案例，参与导师（导师组）思政课专题教学的教学设计与实施，完成导师（导师组）交办的授课、探讨、实践、指导作业等教学任务。新进教师助教制度要严格考评奖惩机制，对表现不积极、不合格，未完成岗位规定的各项任务的助教暂缓授课资格，进

行"回炉"培训，确保思政课教学改革创新的后备师资保障。

2. 严格集体备课制度，为思政课教学改革创新提供团队保障

思想政治理论课作为对青年学生进行系统的马克思主义理论教育的公共必修课程，需要教学团队共同完成。因此，思想政治理论课自身的课程性质和特点决定了必须开展集体备课，严格落实集体备课制度可以确保思想政治理论课教学理念、教学目标、教学方式的有效落实。对于专题任务驱动的高校思政课教学改革而言，通过邀请专家系统讲解，教学名师现场授课，组织思政课教师集体学习先进教育教学理念、研究分析专题理论内容、专题案例、任务驱动设计等，可以帮助思政课教师准确把握教育教学理念，明确教育教学目标，科学掌握专题教学内容，使其实现先进教学理念与教学实践的无缝衔接。"集体备课增加了贯彻教学新理念的自觉性和主动性，能够更好地促进教师教学观念的转变，提高对教学新理念的接受水平，从而更好地将教学新理念落实到教学中去，解决教学新理念和教学实践之间的矛盾。"①集体备课要以问题为导向，通过分析研判思政课教师在从事教学实践过程中遇到的理论"问题"、方式"问题"、学生"问题"等，集思广益，剖析原因，深挖根源，找到症结，把问题讲透，把困惑理清；集体备课通过加强思政课教师之间的交流沟通，实现资源共享、思维共建，各美其美、美美与共，可以增强思政课教学团队的凝聚力和团队教学效率。

3. 强化教师听课互评制度，为思政课教学改革创新提供督导保障

思政课教师听课互评是提升教师教学能力和思政课教学质量的一项必要举措。思政课教学改革是否合理，一方面要看学生学习效果，另一方面还需要思政课教师进行同行评议。听课互评制度的实施，通过思政课教师进行"同行评议"可以提升评价思政课教学改革的科学性和精准性，有效"诊断"思政课教学改革的实效性，为思政课教学改革创新提供督导保障。

---

① 杨志平：创新思想政治理论课集体备课的若干探索，思想理论教育导刊，2019 年第5 期，第 113 页。

对于专题任务驱动的高校思政课教学改革而言，一方面，授课教师本身需要不断思考自己在教学过程中专题教学案例的搜集整理是否合适、专题教学设计是否合理、课堂教学组织是否科学等；另一方面，通过听课互评，观摩学习，也可以进一步反思自己的教学改革。"通过教师听课互评，讲课教师在充分展示自己个性和教学艺术时，必须要思考和妥善处理教学中的个性与教学规律的关系，听课教师则需要客观公正地对待讲课教师的教学行为，能够提出建设性意见和建议，并由此不断反思自己的教学。"①因此，高校马克思主义学院要强化思政课教师听课互评制度的实施，加强顶层设计，构建"学校领导—学院领导—教研室主任—教学督导—思政课教师"立体式、全程、全覆盖的听课互评模式，要着力加强各教研室之间、各思政课教师之间的听课互评频度，要明晰听课互评的目的、方式和效果。要从教学理念、教学大纲与授课计划执行、教学信息量、教学方法、教学纪律、学生参与度等方面进行综合客观评价，有的放矢地进行听课互评，为思政课教学改革创新提供督导保障。

4. 完善集中命题制度，为思政课教学改革创新提供考评保障

课程考核是衡量思政课教学改革实效性的重要方式，也是思政课教学改革创新的重要环节。课程考核方式、考核内容、考核成绩分布比例都要彰显出改革创新的思路和内容。思政课教学改革创新是一个系统工程，思政课的考核与命题也不能够由单一思政课教师进行操作。为确保思政课教学改革创新的系统性和连贯性，必须要实施集中商议考核方式，进行集中命题。对于专题任务驱动的高校思政课教学改革而言，要由教研室或课程组集体讨论思政课考核试题，集体审核，确定有效试题。要通过集体研究商定考核的内容，重点研究题型设置是否合理，分值分配是否科学，考核内容与课程教学大纲、重点难点是否匹配，专题教学案例及价值要素是否融入，考核试卷评价标准是否科学规范，是否重点考核学生分析问题、解

---

① 林红：高校思想政治理论课教师听课互评的探索与实践，高教论坛，2018年第11期，第43页。

决问题的能力，培养学生创造性的思维能力和价值观等。总之，完善集中命题制度，旨在以制度化的形式为思政课教学改革创新提供考评保障，推动思政课教学改革取得实效。

（三）组建思政课师生成长共同体

思政课教学是教与学的有机统一。提升思政课教学改革实效性，一方面要重视思政课教师的"教"，另一方面还要关注学生的"学"，在思政课教学过程中实现教学相长。组建思政课师生成长共同体，共画思政课教与学的"同心圆"，使师生在教学过程中共同成长，共同进步，使思政课教学价值目标内化于心、外化于行。

1. 打通"理论壁垒"，提升思政课教师教育教学能力

思政课师生成长共同体的关键在思政课教师，思政课教师的教学能力与水平直接影响着共同体的成效，也影响着思政课教学改革的实效。因此，要进一步提升思政课教师的思政素养，培养思政课教师的马克思主义理论系统观念，通过各课程组之间示范观摩、听课评课、打通各门思政课之间的"理论壁垒"，促使思政课教师掌握系统化、整体化的马克思主义理论，进而提升思政课教师教育教学能力。通过实施思政课教师班主任制度，让思政课教师参与到学生管理中，担任所授课班级的第一或第二班主任，进一步了解学情，掌握学生思想动态，提升思政课教育教学实效性；通过组建师生研学共同体，让思政课教师带领学生骨干共同开展社会实践活动，了解社会、了解国情；通过加强与各兄弟院系的互学共建，强化"思政+专业"的融合力度，进而提升思政课教育教学的针对性。

2. 丰富学习形式，组建思政课师生成长共同体

思政课教学要坚持课上与课下相结合，丰富课下学习方式，实现课上专题理论内容与课下任务驱动无缝衔接。通过"领学""领读""领讲""领行"等方式，组建思政课师生成长共同体。一是针对当代大学生的特点和兴趣，精心设计适合大学生群体的思想政治教育相关内容，要在读原著、学原文、悟原理上下功夫，通过多种形式组织学生深入学、细致学，

利用读书会、抄原文、谈感悟等多种形式，让思想政治教育活起来，以学生领学的形式感染周边人，真正实现思想政治教育入脑、入心、入情；二是以读书沙龙、经典诵读比赛、原著解读等形式，让优秀学生群体带领学生主动形成学习理论小组、学习理论社团，创建学习理论先进院系班级等活动，利用网络自媒体积极将学生读原著的音频、视频资源上传网络，形成一个网络宣传阵地，并树立读书明星、摘抄明星、感悟明星等学生学习典型并予以宣传，形成一个自学、小组学习、全校蔚然成风的整体理论学习氛围；三是通过第一课堂、第二课堂等多种形式，让优秀学生走到讲台上、走入学生中间进行理论知识宣讲，通过团课在班里讲、选取优秀学生在党课上讲，培训优秀学生在校外实践基地讲，让学生以小组形式参加大学生讲思政课活动，在全校范围讲，让敢于讲、善于讲成为优秀学生群体的能力，将理论知识内化于学生头脑再转化为学生们乐于接受的形式并展现出来，悟思想之力、解思想之惑、践思想之行；四是要结合实习实训、社会实践、劳动教育实践、国家安全集中教育活动、志愿服务、勤工俭学、社会服务、就业实习等，发挥学生骨干作用，组建实习实践服务团队，带动学生深入实践、勇于实践、善于实践，从而提高学生实践能力，涵养劳动品质。

二、优化师资队伍，强化师资保障

思想政治理论课教师队伍建设是达成思想政治理论课教学实效性的重要保障。近年来，党中央高度重视思想政治理论课师资队伍建设。习近平总书记指出："办好思想政治理论课关键在教师，关键在发挥教师的主动性、创造性。思政课教师，要给学生心灵埋下真善美的种子，引导学生扣好人生第一粒扣子。"①因此，深化思想政治理论课改革创新就要发挥思政课教师的关键作用，不断提升思想政治理论课教师的能力与水平，强化思

---

① 习近平：用新时代中国特色社会主义思想铸魂育人 贯彻党的教育方针落实立德树人根本任务，《人民日报》，2019 年 3 月 19 日。

想政治理论课教师对思想政治理论课教学的主导作用。发挥高校思想政治理论课教师的主导作用就需要思政课教师内外兼修，一方面思政课教师需要具备坚定的马克思主义信仰与较高的专业理论素质，同时也需要提升教育教学水平。

（一）强化师资培训，完善培养体系

近年来，伴随着党中央对思政课建设的高度重视，多项加强思政课教师队伍建设的制度文件和举措陆续出台与实施。为强化思政课教师培训力度，教育部通过举办高校思想政治理论课骨干教师研修、"周末理论大讲堂"等举措开展专门培训，2020年，教育部出台《新时代高等学校思想政治理论课教师队伍建设规定》要求，"建立国家、省（区、市）、高等学校三级思政课教师培训体系"。为落实相关文件要求，全国各高校都将思政课师资培训工作作为一项重要政治任务提上日程，开展了形式多样、内容丰富的培训培养活动。思政课教师培训必须系统化、体系化。各高校要协同各种资源，精准施策，构建完善的培养培训体系。

"要锻造一支优质的思政课教师队伍，就必须精准施策，盘活高校思政课教师资源，充分调动起各方力量的积极性，力图建构一个多层次、多渠道、全方位的培养培训体系。"①

以河北金融学院为例，为顺应新时代高校教育教学改革新趋势，学校有计划、分层次、有成效地开展教师教学能力和专业素质的培养、培训和提升工作，经过近几年的实践，总结出"三个层面·四种结合·五位一体"教师教育教学能力提升模式：三个层面的提升对象为新进教师、骨干教师、全体教师；四种结合的提升方式为理论与实践相结合、集中与分散相结合、线上与线下相结合、输入与输出相结合；五位一体的提升内容为基础理论、教学改革、教学竞赛、成果申报、教学研究。（如图6-1所示）

---

① 张凯：新时代高校思政课教师队伍建设探究，学校党建与思想教育，2019年第14期，第18页。

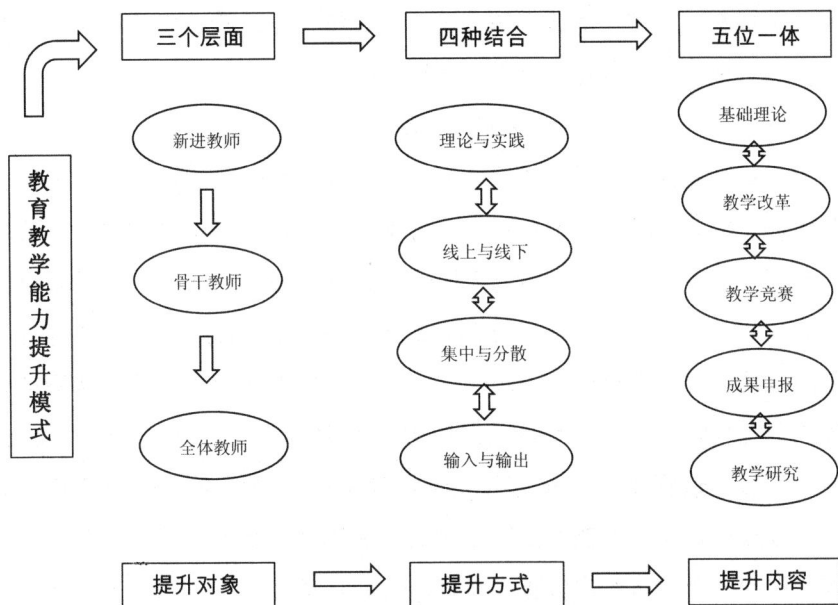

图6-1 教育教学能力提升模式结构图

1. 强化思政课新进教师基础工程培养培训

新进教师是思政课教师队伍的后备生力军，强化思政课新进教师基础工程培养培训对思政课教学改革可持续性发展具有重要意义。高校要培养思政课新进教师严谨规范的教学态度、细致入微的工作态度、积极刻苦的学习态度，为新进青年教师提供三年不断线的教学能力强化培养培训，采用教学技能专题培训、优质课程观摩研讨等方式，帮助上岗初期的青年教师不断提升教学设计能力和教学组织管理能力，提高教学技能与教学水平；为新进教师配备经验丰富的教师或教师团队担任导师（导师组），针对新进教师实际情况明确培育目标、制定培养计划，对新进教师的政治思想、职业道德、教学科研等方面进行全方位的系统指导；对新进教师的教育教学能力提升以"输入性"培训为基础，注重"输出性"培养，依托各级各类平台，借用省级、校级思政课教学竞赛平台，搭建学院教学竞赛平台，以加强师德师风建设、锤炼教学基本功为根本着力点，鼓励新进教师参加教学基本功大赛、讲课比赛、板书比赛等，让教师在实战中更新教育理念和掌握现代教学方法，锤炼教育教学能力。

2. 优化思政课骨干教师提升工程培养培训

思想政治理论课骨干教师是思想政治理论课教学改革创新的主力军和中坚力量。优化思政课骨干教师提升工程培养培训对提升思政课教学改革实效具有关键性作用。要培育思政课骨干教师的教学研究能力。教学研究是对教学实践的总结与升华，教学研究又能更好地指导教学实践，因此，要鼓励思政课骨干教师对教学研究的倾斜，支持思政课骨干教师从理论层面深入研究教学，从而更有针对性地进行教学实践改革与教学实践反思，在不断学习的过程中，不断完善关于思政课教育教学能力的理论知识体系。要鼓励思政课骨干教师在较强理论水平和研究能力的基础上继续通过读博、挂职、访学等形式深造，培养一支具有坚实宽广基础理论和系统扎实专业知识，能够独立开展科学研究和实践创新的骨干教师队伍；要鼓励思政课骨干教师在丰富教学实践、凝练创新性教学模式的基础上申报教学成果奖。教学成果奖是高校教育教学成果的深度凝练和最佳表达，是对学校人才培养工作和教育教学改革成果的检阅和展示，要借助校级、省级和国家级三级评选平台，组织思政课骨干教师参加相关培训，强化在教学成果奖、一流课程建设与申报等方面的指导。

3. 完善思政课全体教师常规工程培养培训

完善思政课全体教师常规工程的培养培训可以提升思政课教学质量的整体性和系统性，提高全体思政课教师的教学能力和水平势在必行。要实现对全体思政课教师各类培养培训的常态化、规范化，以确保全体思政课教师能够掌握前沿理论，学习先进教学经验，使教师整体素质得到提升，以适应教学的要求。要依托教育部开设的"周末理论大讲堂"，选取线上的方式，利用"集中与分散相结合"的形式开展马克思主义理论的系统化培训学习；依托全国高校思想政治理论课教师研修基地，实现思政课教师集中化的实践研修全覆盖，通过深入了解新时代中国特色社会主义的生动实践，深化对当前世情、国情、党情的认识、深化对党的创新理论的理解，丰富思政课教学案例，增强思政课教学的时代感；要实现"个体提升"辐射为"全体受益"。以教研室或课程组为单位，开展学习成果交流汇报会，达到互通有无、共同提高。比如在职攻读博士学位的教师每个学期需向学院教师做一场学术报告会，比如参加所有培训会议结束后均需在学院层面或教研室层面做一次汇报，尤其是参加高级别培训，这样可以使全院教师全体受益。将学习成果转化为思想政治理论课案例教学，产出一批可用于课堂的专题教学案例，以集体备课的方式分享给全体教师。

（二）拓展师资主体，优化师资结构

随着党中央对思政课的高度重视，思政课教师队伍从学历结构和职称结构上有了很大改善，但很多学校仍旧存在师资配备欠缺，特别是一线优秀教师不足的问题。思政课教师配置不足直接导致部分高校只能采取大班授课的方式进行，这种方式不利于课程研讨和实践活动的开展，更不利于思政课教学改革的长久发展。为进一步深化思政课教学改革创新，需要拓展师资主体，优化师资结构。

1. 加强校地合作，拓展师资主体

加强校地共建马克思主义学院模式，推动思政课教学主体协同创新。"推动高校思政课教学协同创新，就是将思政课教学看作一个系统化的整体运行过程，对构成系统的教学主体、教学内容、教学运行、教学方法、教学载体等各方面要素开展深入细致的甄辨，明确各自功能和协同效能，以合理有效的方式推动各要素协调运转，形成一体化的教育合力。"①高校要树立"大协同"观念，充分吸收校外优质思政教育师资，本着优势互补、互利共赢的原则，在各类课题研究、重大理论宣讲、决策咨询调研、思政队伍素质提高、师生挂职锻炼等方面加强与地方党政机关合作与交流。"坚持开门办思政课，推动思政课实践教学与学生社会实践活动、志

① 王学俭，李东坡，李晓莉：新时代高校思政课教学协调创新的内涵、重点与对策，兰州大学学报，2022年第1期，第88页。

愿服务活动结合，思政小课堂和社会大课堂结合，鼓励党政机关、企事业单位等就近与高校对接，挂牌建立思政课实践教学基地，完善思政课实践教学机制。制定关于加快构建高校思想政治工作体系的意见，汇聚办好思政课合力。加大正面宣传和舆论引导力度，推动形成全党全社会努力办好思政课、教师认真讲好思政课、学生积极学好思政课的良好氛围。"①实施"地方党委、政府搭建平台，与地方党校互派师资，学校提供政策经费保障"的协同联动机制。地方党政机关、企事业单位要为思政课教师挂职锻炼和大学生校外实践教育提供平台，选派具有丰富思想政治教育实践经验的领导干部和道德模范人物加入思政课教师队伍，这样，一方面可以增强思政课教师的社会服务能力，使思政课教师在挂职锻炼中了解感悟新时代中国特色社会主义伟大实践，进而提升政治意识和政治素养；另一方面又可以将领导干部和道德模范人物的实践经历作为思政课鲜活生动的教学案例充实到思政课堂之中，实现思政课理论知识与社会实践的有机统一，增强思政课教学的实践性与说服力。

2. 协调校内资源，优化师资结构

思政课教学改革是一项系统性工程，在充分发挥校外优质思政教育师资的基础上，还应有效整合校内优秀思政教育师资力量，发挥校内思政课师资的主体性力量。"主体性力量的发挥在思政课教学过程中具有重要的促动和引领功能，但是单个主体的力量是有限的，因为人自身能力的限度、施展教育的能度和影响辐射的量度均存在一定程度的缺陷和短板，这就需要将思政课教师作为群体性主体，通过协同教学主体发展，推动形成合力育人的局面。"②因此，思政课教师作为群体性主体不应仅仅包含专职思政课教师，还应将高校领导、优秀行政管理人员、辅导员等纳入思政课

---

① 中共中央办公厅 国务院办公厅印发《关于深化新时代学校思想政治理论课改革创新的若干意见》，（2019-08-14）［2022-3-02］。

② 王学俭，李东坡，李晓莉：新时代高校思政课教学协调创新的内涵、重点与对策，兰州大学学报，2022年第1期，第90页。

教师群体，优化思政课师资队伍与结构，共同形成思政育人合力。"思政课教师、党政领导、专业课教师、辅导员、管理干部等都是育人的主体，高校要创新机制体制，推动思想政治教育资源的有效整合，实现各主体育人过程从'分'向'合'的转变，建立起协调统一、全员参与的合力育人体系"①。思政课教师群体的多元化能够增强思政课教学的亲和力。如将优秀辅导员纳入思政课教师队伍，能够及时了解学生的所思所想，通过准确的学情分析制定有针对性的教学设计；思政课教师担任班主任也可以掌握学生思想动态来提升思政课教学实效性。总之，通过思政课教师担任班主任，辅导员与思想政治课教师共同实施思政课教学，真正实现思政课教师了解学情，摸清学生的思想状况，实现针对性教学；并借助辅导员丰富的指导学生实践活动的经验，打造活泼生动又受学生喜爱的思政课课堂，真正实现思政课入脑、入身、入心。

三、营造思政氛围，完善环境保障

强化思政课教学改革创新，提升思政课教学实效性，一方面需要充分发挥思政课堂的主渠道作用，另一方面还要营造浓厚的思政氛围，充分发挥环境思政育人的条件作用。"环境在高校思政课教学及其教学模式改革中不仅是'教学的条件'，更是'条件的教学'，当社会环境、校园环境、家庭环境和网络环境与高校思政课教学协调一致时，环境就会对思政课教学起到支持、促进作用，反过来，就会影响思政课教学的实效性。"②高校要结合自身特色，不断完善环境思政育人体制机制建设，营造思政氛围，完善环境保障。

（一）营造良好校风、教风、学风，提升环境思政育人保障

良好的校园文化是高校发展的灵魂和"软实力"，是滋养师生成长的

---

① 苏玉波，王洁：着力构建"大思政课"的生态体系，思想政治教育研究，2021年第3期，第34页。

② 董前程：高校思想政治理论课教学模式改革研究，中国社会科学出版社，2018，第168页。

精神和文化养分，对提升广大师生的思政素养，做好高校思政工作具有重要意义。高校要根据学校特色、地域特色、学生特色、人才培养方案特色强化校园文化建设。一方面要创设优美校园文化环境，为思政育人工作提供硬环境保障。打造健康向上的校园文化标识和文化产品，将中华优秀传统文化、社会主义核心价值观等融入校园文化景观，增强校园文化教育熏陶功能，让校园环境传递正能量、主旋律，突出校园环境的价值引领、思想引导功效，陶冶学生情操、提升学生道德涵养，起到春风化雨、润物无声的教育作用。另一方面要营造良好校风教风学风，为思政育人工作提供软环境保障。学校的管理、服务和环境对师生同样具有教育作用，用学校良好的管理、服务和环境去熏陶、浸润影响师生的成长。要加强管理育人、服务育人、环境育人的理念与措施。强化校风教风学风，锻造"大学精神"，"大学精神是大学文化的最高表现形式，是指在大学总体文化价值与科学理念的导引下，形成的具有共同、稳定和恒久的心理特质、价值取向、理想信仰、人格品性、教育神韵与学术风格的总和。"①充分发挥大学精神在校园文化引领中的核心作用，用大学精神去感染青年学生品格，优化青年学生人格。优化校风建设，充分利用校训、校史馆等弘扬正能量、主旋律；组织开展"学榜样、树典型"等活动，以学生身边事、身边人为典型案例，引导青年学生从先进事迹中学习与感悟爱国爱校情怀、责任担当、仁爱之心，不断增强思政教育说服力、亲和力和实效性。强化教风学风建设，注重师德师风培育，引导教师严谨执教，学生刻苦学习，以奖惩机制规范师生言行，形成良好的约束力和引导力。

（二）构建大思政协同育人工作机制，打造环境思政育人新生态

上述谈到，思想政治理论课改革创新是一个系统工程，需要学校、马克思主义学院、教务处、党委宣传部、校团委等不同部门的通力合作，共同发力。因此，构建大思政协同育人工作机制是提升思想政治理论课教学

---

① 邓和平：论现代大学，武汉大学出版社，2010，第94页。

改革创新的必要举措。大思政协同育人工作机制能够提升基于专题任务驱动的高校思政课教学改革的教学实效性，也能够从全校范围内为营造环境思政育人氛围提高保障。"大思政协同育人"，顾名思义，就是要破除思政课教师是思政课教学的唯一主体，思政课堂是思政课教学的唯一渠道的固有偏见。要树立系统观念、协同理念，充分调动高校所有思政育人主体，充分整合高校所有思政教育资源，通过显性教育与隐性教育相结合，"有字之书"与"无字之书"的无缝衔接构建全方位、多层次的大思政育人工作机制和教育生态体系。"高校要创新机制体制，推动思想政治教育资源的有效整合，实现各主体育人过程从'分'向'合'的转变，建立起协调统一、全员参与的合力育人体系，将学校课程育人、管理育人、文化育人、服务育人等平台育人主体力量有效整合，明确不同岗位教职工的育人责任，构建资源力量充裕、内生动力充盈、功能作用充分的高校思想政治教育全员育人新生态。"① 因此，打造环境思政育人新生态，一方面需要协同高校内部教学、科研、管理、服务等各部门思政育人主体与资源，既要发挥思政课堂的主渠道作用和各类课程的思政育人功能，又要有效整合学校管理育人、文化育人、服务育人的资源配置，营造思政育人的良好生态环境。另一方面，还要根据大学生在大学期间所面临的思想层面主要矛盾变化，结合思政育人目标和学校实际，对青年学生进行大学四年的分阶段、全过程、递进式思政育人设计与规划，确保思政育人无断点盲点，无缺位失位，为青年学生成长成才成功打下坚实的思政基础。

第二节　基于专题任务驱动的高校思政课改革的评价体系

思想政治理论课教学评价是对思政课程教学目标是否达成、教学活动

① 苏玉波，王洁，着力构建"大思政课"的生态体系，思想政治教育研究，2021 年第 3 期，第 34 页。

是否高效、教学内容是否合理、学生学习成效是否达成的重要衡量活动。"高校思想政治理论课程教学评价是指根据思想政治理论课程的教学目标，运用科学评价的理论、方法和技术，对思想政治理论课程的教师、教学过程与教学效果，进行全面、客观、公正的价值判断的活动。"①因此，教学评价体系构建是否科学合理直接关系着高校思想政治理论课改革的成效。高校思想政治课有效教学的评价标准对教师教学行为具有引导和指向作用。对于专题任务驱动的高校思想政治理论课教学改革来讲，完善的教学评价体系是教学过程的重要环节，思政课教学改革的成效必须要有科学合理的评价体系来"检测"。从某种程度上讲，教学评价的信度和效度，评价标准的科学合理可以有效提高思政课的教学实效性。因此，衡量基于专题任务驱动的高校思政课改革是否成功，必须要建立科学合理的评价体系，设计科学规范的评价标准，做到评价有依据、体系有特色、评价有实效。

一、构建高校思想政治理论课教学评价体系的必要性

党的十八大以来，党中央高度重视思想政治理论课建设，习近平总书记多次发表重要讲话，就思想政治理论课建设进行重要论述。2016 年全国高校思想政治工作会议上，习近平总书记指出："要用好课堂教学这个主渠道，思想政治理论课要坚持在改进中加强，提升思想政治教育亲和力和针对性，满足学生成长发展需求和期待。"② 2019 年全国思想政治理论课教师座谈会上，习近平总书记又指出，"推动思想政治理论课改革创新，要不断增强思政课的思想性、理论性和亲和力、针对性"。③深化思想政治理论课改革创新是以习近平同志为核心的党中央对教育工作做出的重要指

---

① 郭凤志：高校思想政治理论课程建设研究，北京师范大学出版社，2019，第 298 页。
② 习近平：《把思想政治工作贯穿教育教学全过程 开创我国高等教育事业发展新局面》，《人民日报》，2016 年 12 月 9 日第 1 版。
③ 习近平：《用新时代中国特色社会主义思想铸魂育人 贯彻党的教育方针落实立德树人根本任务》，《人民日报》，2019 年 3 月 19 日第 1 版。

示。为进一步落实这一重要指示精神，高校必须要将思想政治理论课改革创新作为重要政治任务加以落实，思想政治理论课改革创新是一项系统工程，思想政治理论课教学评价体系的构建是其中的一项必不可少的环节，构建思想政治理论课教学评价体系对推进思想政治理论课改革创新，提升思想政治理论课教学实效具有极强的必要性。

（一）构建教学评价体系是"诊断"思政课教学效果的需要

思想政治理论课教学评价体系在整个思政课教学过程中起着"诊断"和"纠偏"教学过程，提升教学实效性的作用。"评价作为一种反馈和矫正系统，在教学过程中的每一步上判断该过程是否有效；如果无效，必须及时采取什么变革，确保过程的有效性。"①思政课教学不管采用何种教学方案、教学方式、教学手段、考评方式，最终都要落到教学实效性上。思政课教学实效性是对思政课教学目标的完成度、学生对思政课内容的掌握程度、能力提升程度、价值观塑造程度的综合评判。思政课教师运用的教学手段再先进、教学方式再高超，思政课教学的目标达不到，学生的理论知识无收获、能力培养不达标、价值观塑造无改善，则说明这样的思政课教师是在低效教学甚至是无效教学。要提升思政课教学实效性，一方面教学手段和教学方式必须要将思政课教学目标作为出发点和落脚点，要时刻牢记思想政治理论课在整个人才培养体系中的"关键"而又"特殊"的教育使命；另一方面，要构建科学合理的教学评价体系，用科学合理的教学评价体系来"诊断"教学目标完成度、教学手段的创新性，来判断思政课教学活动是否有利于学生理论知识的掌握、能力培养的达标、价值观塑造的改善等，进而使思政课教师准确掌握思政课教学技巧，促进思政课教学过程的规范性和实践性，为深化思政课教学改革创新"把脉问诊"。

（二）构建教学评价体系是激励引导思政课教师进行有效教学的需要

思想政治理论课教学评价体系是思政课教学必不可少的环节，在整个

---

① 布鲁姆等：教育评价，邱渊等译，华东师范大学出版社，1987，第5页。

思政课教学过程中起着激励和引导的作用。思政课教师是深化思政课教学改革创新的关键因素，在思政课教学过程中起着主导作用，思想政治理论课教学评价体系一方面可以评价和诊断思政课教学过程的有效性和教学质量的实效性；另一方面可以通过对思政课教师教学活动评价对思政课教师的教育教学水平和教学价值起到激励和引导作用。"思想政治理论课教学评价中的对教师教学水平及教学价值的评价，是以确认教师教学创造性劳动为前提的，因此，可以激发思想政治理论课教师提高教学质量的积极性、主动性和创造性。"①思想政治理论课教学评价体系可以通过评价思政课教师的教学态度、教学理念、教学投入、教学能力等对思政课教师进行综合性评判，通过思想政治理论课教学评价体系的评判与反馈，并建立健全合理的惩戒与激励机制，思政课教师能够认识到自身的教学不足，有针对性地提升自身的思政素养、理论涵养和教学技能，激励引导思政课教师更好地进行专业化发展。思想政治理论课教学评价体系还可以激励引导思政课教师对思政课教学的投入力度，调动思政课教师对思政课教学的积极性、主动性和创造性，进而提升思政课教学实效性。

（三）构建教学评价体系是确保思政课教学价值目标实现的需要

思想政治理论课教学评价体系是达成思政课教学价值目标的重要保障。思想政治理论课是落实立德树人根本任务的关键课程，是学校人才培养中的重要课程。习近平总书记指出："人才培养一定是育人和育才相统一的过程，而育人是本。人无德不立，育人的根本在于立德。这是人才培养的辩证法。办学就要尊重这个规律，否则就办不好学。"②思想政治理论课承担着为党育人、为国育才的重要教育使命，是培养合格的社会主义建设者和接班人的重要保障。因此，思政课教学必须要聚焦价值目标，达成价值目标。达成思政课教学价值目标除了科学的教学方案、教学设计、教

---

① 郭凤志：高校思想政治理论课程建设研究，北京师范大学出版社，2019，第300页。
② 习近平：《在北京大学师生座谈会上的讲话》，《人民日报》，2018年5月3日第1版。

学组织、教学方式之外，还必须要有科学合理的教学评价体系加以保障。思想政治理论课教学评价体系通过对思政课教师进行有效教学的激励引导，"诊断"思政课教学目标完成度、教学手段的创新性，判断思政课教学活动是否有利于学生理论知识的收获、能力培养的达标、价值观塑造的改善等一系列评价活动来为思政课教学价值目标的实现保驾护航。因此，构建科学合理的思想政治理论课教学评价体系是确保思政课教学价值目标实现的需要。

二、高校思想政治理论课教学评价体系的特征

高校思想政治理论课教学评价是对高校思政课教学诸环节、诸要素的综合评价与"检阅"。作为思政课教学重要环节的教学评价，其性质和特征是由高校思政课及其教学的性质和特性决定的。思政课作为落实立德树人根本任务的关键课程，承担着为党育人、为国育才的重要教育使命，是培养合格的社会主义建设者和接班人的重要保障。这一课程性质与特征决定了高校思想政治理论课教学评价体系具有科学性、整体性、客观性、目的性、动态性、激励性和多元性等特征。

（一）科学性

高校思想政治理论课教学评价体系的科学性是指教学评价体系的构建必须要遵循科学规律，按照科学的程序，符合客观事实的标准，运用科学的思维方法进行。思政课的课程性质和特征决定了高校思想政治理论课教学评价必须将思政育人、课程育人与学生成长规律紧密结合，综合研判，使得评价标准、评价过程、评价手段要以课程性质为基点，评价结果必须是科学合理的。违背科学性的教学评价不仅不能正确评判思政课教学质量，而且还会适得其反，造成思政课教学"失效"。因此，在评价思政课教学时，评价指标和标准的设置必须要遵循思想政治工作规律、教书育人规律、学生成长规律，评价和衡量的过程必须富有科学依据，要系统运用科学的思维方法对高校思政课教学诸环节、诸要素进行综合评价与"检阅"。

（二）整体性

高校思想政治理论课教学评价体系的整体性可以从两个维度来概述，一是就评价的覆盖面而言，是指教学评价体系所指范围的整体性；二是就评价过程的系统性而言，是指对思政课教学诸环节、诸要素的教学评价不能割裂开，要作为一个系统整体综合评价。众所周知，思政课教学包含诸环节、诸要素，是教与学的统一体，思政课教学评价必须要实现全覆盖、系统化。一方面，教学评价不仅要综合评价思政课教师的教学态度、教学理念、教学过程、教学设计、教学投入、教学能力等，还要系统评价和分析青年学生在接受思政课教学之后的思想状况、理论知识、能力应用、价值观念、为人处事、道德品质的提升和改善情况等；另一方面，教学评价必须要将思政课教师的教学态度、教学理念、教学过程、教学设计、教学投入、教学能力等作为一个系统整体来评价和判断，要注重各个环节之间的内在关联。

（三）客观性

高校思想政治理论课教学评价体系的客观性是就评价标准和评价过程而言的，是指思政课教学评价体系必须要内含客观的评价标准，评价过程必须要以客观评价标准为依据而进行。众所周知，思政课教学评价是对思政课教学质量和教学实效性的评价，是对思政课教学是否达成思政课教学价值目标的衡量，是对学生思政素养、道德涵养和文化修养的综合评价。思政课教学评价是一种主观评价，也是一种客观评价，是主观见之于客观的评价。思政课教学评价是否客观公正不仅会影响思政课教师的教学激情和教学投入，也会直接影响立德树人根本任务的实现。因此，思政课教学评价必须要依据客观的评价标准，克服纯粹主观评价的弊端，杜绝"人情分""面子分"的"好人主义"行为，让思政课教学评价成为守好思政课教学质量的重要保障。

（四）目的性

高校思想政治理论课教学评价体系的目的性是就设置思政课教学评价

体系的目的和意义而言的，是指思政课教学评价的合目的性。众所周知，思政课教学评价是衡量思政课教学质量和实效性的手段。任何手段的设置都最终要服务于目的。高校思政课教学评价体系的构建也必须要服务于思政课教学的目的。思政课教学的目的在于系统传授马克思主义基本理论、马克思主义中国化的重要理论成果、党的创新理论等，使广大青年学生能够系统运用马克思主义的立场、观点、方法来分析问题和解决问题，立德树人，培根铸魂，筑牢高校意识形态主阵地，不断提升青年学生的思政素养、道德涵养和文化修养，培养社会主义的建设者和接班人。高校思想政治理论课教学评价体系必须要紧紧围绕思政课的教学目的进行构建和实施，不断提升思政课教学评价的有效性和实效性。

（五）动态性

高校思想政治理论课教学评价体系的动态性是指思政课教学评价体系的与时俱进性，也是由思政课教学目的来决定的。思政课教学评价体系要随着评价体系和评价指标的最新理念、思政课教学实践的变化而变化，主要包括评价理念的动态性、评价过程的动态性、评价指标及其指标权重的动态性等。上述谈到，思政课教学的目的在于系统传授马克思主义基本理论、马克思主义中国化的重要理论成果、党的创新理论等，使广大青年学生能够系统运用马克思主义的立场、观点、方法来分析问题和解决问题，立德树人，培根铸魂，筑牢高校意识形态主阵地，不断提升青年学生的思政素养、道德涵养和文化修养，培养社会主义的建设者和接班人。思政课的课程内容随着党和国家的最新理论的与时俱进而不断更新，特别是"形势与政策""毛泽东思想和中国特色社会理论体系概论"等课程，思政课教学评价体系必须要随着新时代党和国家对思政课教学的最新要求而呈现动态性发展趋势。

（六）激励性

高校思想政治理论课教学评价体系的激励性是就思政课教学评价的效果而言的，是指思政课教学评价能够激励思政课教师进行有效教学，激发青年学生对学习的兴趣和投入，进而提高自身素养和思政课教学实效性。思政课教学评价体系一方面可以评价和诊断思政课教学过程的有效性和教学质量的实效性；另一方面可以通过对思政课教师教学活动评价对思政课教师的教育教学水平和青年学生的学习成效起到激励和引导作用。激励手段是提升思政课教学质量和实效性的必要手段，在思政课教师困于自身教学局限，青年学生惑于自身学习出路的时候，思政课教学评价通过及时的反馈、诊断、激励、引导，促使思政课"跳出自身来认识自身"，查找不足，提升教学实效，也可以为青年学生的思政学习解难解惑，提高学习效率。

（七）多元性

高校思想政治理论课教学评价体系的多元性是就思政课教学评价主体、评价方式和评价内容而言的。思政课教学改革创新作为一个系统工程，直接决定了高校思政课教学评价的系统化、多元化。思政课教学评价主体呈现多元化特征，一般而言，包括思政课教师评价、教学管理者评价、教学督导评价、学生评价、专家评价等，评价结果也不是由某一个评价主体单独决定的，而是由各评价主体共同做出的综合评价和判断；评价内容呈现多元化特征，思政课教学评价不仅包括对思政课教学目标（知识、能力、价值观塑造）、教学过程、教学手段、教学效果、教学环境等进行评价，也包括对思政课教师的教学理念、教学方案、教学设计、教学投入、教学产出等进行评价，也包括对学生的思想状况、理论知识、能力应用、价值观念、为人处事、道德品质等进行综合性评价。

三、基于专题任务驱动的高校思政课教学评价体系要素构成

基于专题任务驱动的高校思政课教学改革是高校思政课教学改革创新的路径之一，其要素构成具有一般性和特殊性。一是基于专题任务驱动的高校思政课教学评价体系的要素具有所有思政课教学评价体系所应具有要素，如评价主体、评价内容、评价方式等；二是基于专题任务驱动的高校

思政课教学评价体系还具有自身独特的要素构成，特别是体现在具体的评价方式的创新上，如专题测评与任务检测。总之，要使基于专题任务驱动的高校思政课教学改革取得实效，必须要有科学合理的评价体系，完善的评价体系要素，建构符合基于专题任务驱动的多元化评价主体，创新契合基于专题任务驱动的评价方式，设计符合基于专题任务驱动的评价内容。

（一）建构符合基于专题任务驱动的多元化评价主体

任何教学评价都需要有评价主体，评价主体是进行教育教学活动的主导者和实施者。基于专题任务驱动的思政课教学改革也需要特定的评价主体进行检测和引导，同一般教学评价活动一样，基于专题任务驱动的思政课教学改革的教学评价也需要多元化的评价主体。一般而言，评价主体由教学管理者、教学督导、学生、自我等构成，共同承担对基于专题任务驱动的思政课教学改革的教学评价工作。

1. 教学管理者评价

作为评价主体的教学管理者主要是指学校领导、部门领导、从事教育教学相关工作的管理人员和校内外从事教育工作或思想政治理论课教学工作的专家学者等。教学管理者评价是思政课教学改革评价活动中必不可少的环节。学校领导评价可以从是否符合高等学校教育教学规律，是否贯彻党和国家教育方针政策，是否匹配学校人才培养目标等宏观层面对思政课教学改革进行综合研判。教学管理者往往掌握着整个学校教学改革的决策权，对有突出效果的教学改革负有推广和落实的职责；部门领导和校内外从事思想政治理论课教学工作的专家学者评价可以从是否符合思政课教育教学目标、专题设计是否契合思政课发展方向、专题内容是否融入思政课主要内容、任务布置是否契合思政课教学要求等中微观层面对思政课教学改革进行细致研判，部门领导和校内外从事思想政治理论课教学工作的专家学者往往都是思政课教育教学工作的"行家里手"，深耕思政育人工作多年，具有丰富的理论和实践经验，可以为基于专题任务驱动的思政课教学改革提供"内涵式"指导。

2. 教学督导评价

教学督导是高校设置的专门从事对学校教育教学质量、日常教学运行状况、教师教风和学生学风状况等进行督察和评价的群体，是高校教育教学工作的"纪检监察人员"。教学督导作为评价主体，往往具备丰富的教育教学经验，掌握着最新、最前沿的教育教学理念，通过常规化的听课、查课、座谈、调研、反馈等方式，对课程教学会起到监督、纠偏、激励、引导的作用。对于基于专题任务驱动的思政课教学改革，教学督导的教学评价可以从思政课教学改革是否规范、教学设计是否符合教育教学规律，思政课堂专题任务活动是否合理，教师对思政课教学改革是否投入、学生对思政课教学改革是否认同、教学实效性是否提升等维度开展，教学督导的常规性教学评价会对基于专题任务驱动的思政课教学改革起到经常性提醒与导向功效，使基于专题任务驱动的思政课教学改革始终沿着正确的方向和路径进行，进而有效提升教学实效性。

3. 学生评价

学生评价是教学评价的必要环节。任何教学活动都是"教"与"学"的统一体，既包含教师的教，也包含学生的学。学生是教育教学的受众群体，学生对教育教学质量的评价直接影响着教学的质量，也直接反映着教学实效性。就思想政治理论课教学改革而言，"对高校思想政治理论课程的评价必须以是否有效满足学生政治素养与思想道德素养乃至综合素质形成、发展的需求为中心，而最能检验高校思想政治理论课是否真正有效满足学生的发展需求的人应该是学生自身"。[1]基于专题任务驱动的思政课教学改革的受众是学生，学生也必然会成为评价主体，学生可以通过教师的授课方式、专题案例的吸引度、教学活动的兴趣度、自身对思政课的认同度以及自身政治素养、道德涵养、文化修养的提升度等维度对思政课程改革进行综合评判，使思政课教师及时得到学生端的教学反馈，进而有针对

---

[1] 郭凤志：高校思想政治理论课程建设研究，北京师范大学出版社，2019，第303页。

性地提升教学实效。

4. 自我评价

自我评价是指授课教师针对自己所实践的教学改革的总结和评价。授课教师是教学改革的亲自设计者、参与者和实施者，对教学改革的理念、步骤、预期实效等都会有一定的认知。自我评价既有利于教师对教学改革做出深层次的思考和总结，也有利于教师自身教育教学水平的提升，是一次自我优化、自我提升的过程。"教师自评要求充分尊重教师在评价中的主体地位，充分调动每位教师的主动性、自觉性、积极性，使评价的过程真正成为教师自我认识、自我分析、自我改进、自我完善和自我教育的过程，使教师的评价工作达到预期的目的。"[①]就基于专题任务驱动的思政课教学改革而言，教学理念、教学设计、专题案例、任务布置、学生作业等环节都是由授课教师（课程组）自己完成的。那么，教学改革的成效如何？授课教师可以在课程任务完成后，对整个教学改革设计理念、流程、内容、作业、课程实施情况等进行总体评价，以对标方式来评判教学改革是否达到预期成效。授课教师的自我评价既是对教学改革的评价，也是对自我教育教学能力与水平的"检测"，可以有效提升教学实效性和自身教育教学水平。

（二）创新契合基于专题任务驱动的评价方式

评价方式是进行教学评价活动的手段，手段的选取和运用是否科学合理直接影响着评价结果的客观性和准确性。基于专题任务驱动的思政课教学改革评价方式既要遵循一般的教育教学规律、思想政治工作规律和教书育人规律，又要契合专题任务驱动的思政课教学改革模式。本项目将从常规评价与节点评价、调查问卷与师生座谈、听课反馈与数据分析、专题检测与任务评测等四个层面展开论述，既体现评价方式的一般性特征，又彰显评价方式的特殊性特征。

---

① 郭凤志：高校思想政治理论课程建设研究，北京师范大学出版社，2019，第302页。

1. 常规评价与节点评价

常规评价与节点评价是就教育教学评价的时间维度而言的，常规评价是指评价主体按照学校指定的评价计划，依据特定的评价标准对教育教学活动进行的评价。常规评价注重对教育教学工作日常开展情况的评价，往往贯穿于教育教学始终。节点评价是指评价主体在课程开设期间的重要节点，如学期初、期中、期末等节点，对课程教学工作的重点督察与评价，节点评价侧重对教育教学改革阶段性实施与成效的评价。常规评价和节点评价往往都是由教育教学管理部门（教务处）和思政课程开设部门（思想政治理论课程负责部门，如马克思主义学院）共同来执行。对基于专题任务驱动的思政课教学改革而言，教学改革评价应贯穿于课程教学始终，注重对课程教学改革重要节点的评价。要从思政课专题任务驱动改革方案、专题案例的搜集、课堂任务的设计、教学过程的实施、期中教学改革成效小结、期末教学改革总结、学生学习效果反馈等层面开展评价，将日常评价与总结性评价结合起来，通过常规评价与节点评价相结合的方式将思政课教学改革的检测与引导贯穿始终。

2. 调查问卷与师生座谈

调查问卷与师生座谈是开展教育教学评价的重要方式。调查问卷主要是针对教育教学改革开展情况和实施成效对授课教师和学生以问卷的形式所开展的评价方式。调查问卷是对整个教育教学过程的总体性问卷评价，可以以普查和抽查的方式进行。师生座谈也是针对教育教学改革开展情况和实施成效，以师生开展面对面交流的方式所开展的评价方式，师生座谈的评价方式主要是获取授课教师对教育教学改革实施状况和成效的认识（收获与不足等），学生对教师授课态度、教学开展情况、自身学习成效等方面的认识（收获与值得改进的地方等）。对基于专题任务驱动的思政课教学改革而言，教学改革成效如何、教学质量是否提升、学生学习效果如何、学生素养是否提升等都需要衡量和测评，评价主体可以以调查问卷与师生座谈的方式设计科学合理的问卷及座谈提纲，通过普查或抽查的方式针对专题任务驱动的思政课教学改革质量进行测评，进而总结出合理的改进措施和方案，推进思政课教学改革取得实效。

3. 听课反馈与数据分析

听课反馈与数据分析是进行教育教学评价和系统分析教育教学改革成效的重要方式。听课反馈主要是评价主体综合领导听课、专家听课、督导听课、同行听课、学生听课反馈情况对教育教学改革进行总体评价，听课反馈往往是教育教学的常规性评价方式；数据分析主要是评价主体充分利用大数据捕捉授课教师教学任务布置情况、学生听课情况、完成作业质量等数据，并对数据进行分析，综合研判教育教学改革成效。对基于专题任务驱动的思政课教学改革而言，评价主体除了思政课教学改革日常听课外，还要在思政课教学改革过程的重要节点如学期初、期中、期末等针对专题案例研讨、课堂任务实施的情况进行重点听课，并运用大数据（可依托于学习通、蓝墨云班课等教学平台）获取思政课教学改革各项数据并加以分析研判，评价主体要把听课情况和大数据分析研判总结及时反馈给授课教师，做到及时反馈及时纠正，促进思政课教学改革取得实效。

4. 专题检测与任务评测

专题检测与任务评测是针对基于专题任务驱动的思政课教学改革而言的教育教学评价方式，彰显着评价方式的特殊性特征。专题检测主要是指对思政课教学改革所选取的专题案例进行检测，看其是否符合思政课教学价值目标、是否契合思政课教学大纲要求，是否有利于学生理论知识获取、能力培养与价值观塑造；任务评测主要是指对思政课教学改革所设计的教学任务的评测，看其设置是否科学合理，是否易于被学生接受，学生是否能够从任务中提升政治素养、道德涵养、文化修养等。对于基于专题任务驱动的思政课教学改革项目而言，专题检测与任务评测是必要环节，主要在思政课教学改革实施前进行。这一项目改革的核心要素是"专题+任务"，如果专题案例内容选取和任务设计不到位或不能将思政课教学价值目标和章节重难点突出出来，就不能很好地彰显这一教学改革的特色，更不能使思政课教学改革取得实效，只有在项目实施前将专题检测与任务评测工作做好、做扎实，才能确保教学改革的科学性和顺利实施。

（三）设计符合基于专题任务驱动的评价内容

评价内容是教育教学评价工作的核心要素，也是评价的重中之重。评价内容是评价主体依据特定的教育教学规律，采用特定的评价方式进行评价活动所指向的客体。就基于专题任务驱动的思政课教学改革项目而言，评价内容主要包括对教学内容的评价、教学过程的评价、教学手段的评价、教学效果的评价、考核方式的评价等。

1. 教学内容

教学内容评价主要是对基于专题任务驱动的思政课教学内容的评价。要做好课程内容知识传授、能力培养与价值观塑造三维教学目标之间的有效衔接，实现教学内容在思政课教学改革中的有效性。思政课教学内容有效性是思政课教学中一个前提性和基础性的问题，只有解决了这个问题，才能有计划、有目的地开展思政课教学改革。对思政课教学内容的评价要着重注意以下几点：一是坚定社会主义政治立场的教学内容。高校思政课的教学内容虽然具有多样性和广泛性，但是各个部分的地位和作用并不是平行的。思政课的教学内容必须坚持以政治教育为主导，旗帜鲜明地坚定社会主义方向，以理想信念教育为核心，坚持不懈地用马克思主义中国化的最新理论成果武装大学生头脑，坚定"四个自信"，引导大学生将自身发展与国家民族的命运联系起来，使大学生真正成为具有合格政治素养的社会主义事业接班人。二是科学建构的教学内容。马克思主义是博大精深的理论体系，因此在整合专题教学内容、构建教学体系的过程中必须始终坚持以马克思主义科学体系为基础，合理借鉴吸收其他相关学科的理论知识，以构建科学的高校思想政治理论体系，真正做到用科学的理论武装大学生。三是与时俱进，具有鲜明时代特征的教学内容。思政课教学内容要具备随形势变化的时代性特点。思政课的教学既要坚持党的基本原则和优良传统，又要根据新环境、新情况、新问题不断开拓创新。所以基于专题任务驱动的思政课的教学内容必须增强时代感、加强针对性、时效性、主动性。因此，思政课教学内容必须努力寻找和挖掘理论发展的前沿，坚持把马克思主义中国化的最新理论成果引进教学内容；把握时事，找准教材内容与时事政策的契合点，巧妙结合。四是体现大学生思想发展特点的教学内容。大学生是高校思政课的教育对象，是思政课课程任务的执行者。高校思政课的有效性是表现在所构建的教学内容有利于在大学生身上引起预期的变化，形成预期的思想观念和行为。因此，思政课教学内容在科学、合理的前提下，必须重视大学生群体的思想动态，深入调查和研究大学生的思想状况，有针对性地促进大学生主体的健康全面发展，将大学生的自我发展与社会的责任联系起来，引导他们把自我价值的追求与国家的发展联系起来。五是紧密联系学生生活实际的教学内容。当代大学生的生活是丰富的，深入大学生生活，了解大学生生活所需，洞察大学生生活、学习、思想上的困难、困惑，在专题教学内容的建构上要坚持贴近实际、贴近生活、贴近学生的理念，教学内容要从学生的生活实际出发，关注学生现实发展的需求，理解大学生物质利益的现实需要，重视满足大学生日益增长的精神需要，引导大学生能自觉主动地运用主导价值指导自己的生活、规范自己的言行。

2. 教学过程

教学过程评价主要是对基于专题任务驱动的思政课教学过程的评价。教学过程是思政课教师为完成特定教育教学目标，采用特定教学方法对大学生进行思想政治教育的过程。高校思政课有效性教学主要体现在教学过程的有效性。对专题任务驱动的思政课教学过程的评价要着重注意以下几点：一是整个思政课教学过程要体现和彰显专题任务驱动的教学改革的理念、教学目标；二是教学过程的设计要科学合理，既要遵循教育教学规律又要符合学生成长规律，要让学生在接受知识的过程中乐于学、易于学，能够学出好的效果；三是教学过程要注重第一课堂和第二课堂的有效衔接，思政课教学过程不仅仅体现在理论课堂上，还体现在学生课外的一系列校园活动和社会实践活动中，对教学过程的评价要将第一课堂与第二课堂紧密连接起来，做到学、思、悟、行的有机统一。

3. 教学方法

教学方法评价主要是对基于专题任务驱动的思政课所采用的教学方法的评价。教学方法是否科学合理，是否与思政课教学改革目标紧密相连直接影响着教学改革的成效。要加大对基于专题任务驱动的思政课教学方法的督察与评价，确保其有效性。一是以建构主义的教学理念作为理论基础，积极引导学生进行主动性、合作性、社会性建构。通过支架式教学法、抛锚式教学法、情境教学法，实现思政课教学改革动之以情、晓之以理、持之以恒的目标。在思政课教育教学中，要求积极扩展感性的教育方式和手段，教师要有足够的情感投入，创设各种情境，调动学生的情感。"以情动人""以情启情""以境育人"。要善于运用历史和现实的专题事例和丰富的教学艺术手段来打动学生，善于利用形象直观的多媒体教学工具来丰富和扩展教学内容的情感体验，使情感教育融入整个教学过程，使学生受到高尚情操的感染熏陶，激起学生相应的情感，推动学生思想认识的发展；二是应用现代多媒体技术手段，通过蓝墨云、雨课堂等手机软件，以弹幕、发帖讨论、问卷调查等形式实现教师与学生线上线下的互动频率，增强学生的参与程度与课堂互动，形成积极热烈的课堂氛围。可以建立微信公众号等向学生及时推送新观点、新思想，适应大学生以现代新媒体获取信息与知识的习惯或喜好；三是开展丰富多彩的实践活动，有计划地组织大学生参加生产劳动、社会调查、公益活动、志愿服务、科技发明和勤工俭学等社会实践活动，引导他们在实践锻炼中不断提高认识能力和思想觉悟，逐步形成言行一致的良好品德和行为习惯。

4. 教学效果

教学效果评价是对基于专题任务驱动的思政课教学所取得实效性的评价。教学效果是整个教学改革的落脚点，也是教学评价活动的中心环节。思政课教学之所以要改革创新，就是要不断提升思政课的亲和力和实效性，要让学生在接受思政课教学之后有成长有进步。对专题任务驱动的思政课教学效果的评价要着重注意以下几点：一是看思政课教学改革是否符合思政课教学价值目标、是否契合思政课教学大纲要求，是否有利于学生理论知识掌握、能力培养与价值观塑造；二是对专题案例和任务布置要看其设置是否科学合理，是否易于被学生接受，学生是否能够从任务中提升政治素养、道德涵养、文化修养等；三是看是否采用更加高效现代的教学技术和教学工具提升思政课教学改革实效性。对学生群体而言，网络已然成为生活的一部分，因此用现代教学技术提升教学效果成为时代必然，科学技术在现代教育教学中的作用也将日益凸显。

　　5. 考核方式

　　考核方式评价是对基于专题任务驱动的思政课教学所采用的考核方式的评价。考核方式是反映思政课教学改革是否取得实效的重要方式。对考核方式的评价要注重思政课教学改革所采用的考核方式是否符合思政课教育教学目标，是否涵盖思政课教学重难点，是否契合学生理论知识获取、能力培养与价值观塑造。要结合思政课"以文化人""以德育人"的学科特点，实现有效教学的考核评价方式，设计促进思政课有效教学的形成性、过程性考评体系和考评机制。对于基于专题任务驱动的思政课教学而言，特别是要将反映思政课主题的绘画、书法、散文、朗诵、微电影、微评论和手工等红色文艺原创作品纳入考核体系，激励学生主动学习，独立思考。要在教学考核环节中加入学生读书、分享、笔记展示、经典诵读、摘抄典籍等多种方式，每个环节都采取多种评价形式，采取教师评价、学生互评、小组贡献等过程考核模式，降低"一考定终身"的考核模式，切实扭转学生期末突击背知识点、考核之后全部忘光的传统认识与观念，加强学生学习的自觉性与主动性，提升学习过程的参与度，将知识性、能力素质、情感目标、价值观树立有机结合，反映学生综合能力和素质培养方面的改变。

参考文献

著作：

［1］马克思，恩格斯：马克思恩格斯全集，人民出版社，1965。

［2］马克思，恩格斯：马克思恩格斯文集，人民出版社，2009。

［3］马克思，恩格斯：马克思恩格斯选集，人民出版社，1995。

［4］列宁：列宁全集，人民出版社，2017。

［5］列宁：列宁选集，人民出版社，1995。

［6］毛泽东：毛泽东选集，人民出版社，1991。

［7］毛泽东：建国以来毛泽东文稿（第五册），中央文献出版社，1991。

［8］习近平：习近平谈治国理政（第二卷），外文出版社，2017。

［9］中共中央党校（国家行政学院）：习近平新时代中国特色社会主义思想基本问题，人民出版社、中共中央党校出版社，2020。

［10］习近平：在纪念红军长征胜利80周年大会上的讲话，人民出版社，2016。

［11］教育部社会科学司：普通高校思想政治理论课文献选编（1949—2008），中国人民大学出版社，2008。

［12］钟志贤：大学教学模式革新：教学设计视域，教育科学出版社，2008。

[13] 中国社会科学院语言研究所词典编辑室：现代汉语词典，商务印书馆，2016。

[14] 李秉德：教学论，人民教育出版社，1991。

[15] 吴文侃：当代国外教学论流派，福建教育出版社，1990。

[16] 杨大春：语言·身体·他者：当代法国哲学的三大主题，生活·读书.新知三联书店，2007。

[17] 张耀灿等：思想政治教育学前沿，人民出版社，2006。

[18] 袁贵仁：马克思的人学思想，北京师范大学出版社，1996。

[19] 陈华洲：思想政治教育方法论，华中师范大学出版社，2010。

[20] 王本陆：课程与教学论（第三版），高等教育出版社，2017。

[21] 王升：主体教学有效性探索，教育科学出版社，2012。

[22] 骆郁廷：高校思想政治理论课程论，武汉大学出版社，2006.

[23] 卡尔·雅思贝斯：历史的起源与目标，魏楚雄，俞新天译，华夏出版社，1989。

[24] 董前程：高校思想政治理论课教学模式改革研究，中国社会科学出版社，2018。

[25] 邓和平：论现代大学，武汉大学出版社，2010。

[26] 郭凤志：高校思想政治理论课程建设研究，北京师范大学出版社，2019。

[27] 布卢姆等：教育评价，邱渊等译，华东师范大学出版社，1987。

[28] 布鲁斯·乔伊斯，马歇·韦尔：教学模式（第七版），中国轻工业出版社，2013。

[29] 尼古拉斯·布宁：西方哲学英汉对照词典，人民出版社，2001。

[30] 石云霞：高校思想政治理论课程建设史研究，武汉大学出版社，2006。

[31] 顾海良，佘双好：高校思想政治理论课程教学改革研究，武汉大学出版社，2006。

［32］顾海良等：高校思想政治理论课程建设研究，经济科学出版社，2009。

［33］贾少英："思想道德修养与法律基础"课教学法，高等教育出版社，2007。

［34］余玉花：思想道德修养与法律基础教学论，复旦大学出版社，2009。

论文：

［35］卡尔·罗杰斯，洪丕熙：走向创造力的理论，外国教育资料，1984年第3期。

［36］吕春燕：民办高校思想政治理论课教学模式改革探讨，经济研究导刊，2012年第34期。

［37］李基礼：思想政治理论课教学评价的基本问题探赜，学校党建与思想教育，2015年第21期。

［38］张翠方：团队项目驱动的"选择性"翻转课堂教学模式在高校思政课教学中的研究，黑龙江教育（理论与实践），2021年第2期。

［39］崔楠，宫珊珊：高校思想政治理论课立德树人的路径分析，思想政治教育研究，2021年第2期。

［40］刘建军：论高校思想政治理论课教育教学"八个统一"，教学与研究，2019年第7期。

［41］秦宣：新中国成立60年来高校思想政治理论课沿革及其启示，思想理论教育导刊，2009年第10期。

［42］杨金华：论历史意识与精神家园，江汉论坛，2012年第9期。

［43］杨志平：创新思想政治理论课集体备课的若干探索，思想理论教育导刊，2019年第5期。

［44］林红：高校思想政治理论课教师听课互评的探索与实践，高教论坛，2018年第11期。

［45］张凯：新时代高校思政课教师队伍建设探究，学校党建与思想教育，2019 年第 14 期。

［46］王学俭，李东坡，李晓莉：新时代高校思政课教学协同创新的内涵、重点与对策，兰州大学学报（社会科学版），2022 年第 1 期。

［47］苏玉波，王洁：着力构建"大思政课"的生态体系，思想政治教育研究，2021 年第 3 期。

［48］郭建鹏：翻转课堂教学模式：变式与统一，中国高教研究，2019 年第 6 期。

［49］凌小萍，张荣军，严艳芬：高校思政课线上线下混合教学模式研究，学校党建与思想教育，2020 年第 10 期。

［50］檀传宝，吴越菲，部思睿，杜汇杰：简单提倡社会实践是远远不够的——思政课社会实践教学模式对大学生获得感影响研究，清华大学教育研究，2021 年第 1 期。

［51］顾以传，刘银华：论新时代高校思政课实践教学模式创新，学校党建与思想教育，2020 年第 24 期。

［52］武永亮，武传鹏：基于课程特点的高校思政课实践教学模式新探，学校党建与思想教育，2021 年第 18 期。

［53］张乐，张云霞："翻转课堂"教学模式在高校思政课中的应用研究，中国高等教育，2018 年第 1 期。

［54］王云霞：高校思政课应处理好"内容为王"教学模式的三对关系，思想政治教育研究，2020 年第 6 期。

［55］邹慧，黄河：高校思政课对分课堂教学模式探赜，学校党建与思想教育，2021 年第 4 期。

［56］李灵曦，聂劲松："双主体"教学模式下的高校思政课教学研究，学校党建与思想教育，2021 年第 22 期。

［57］张玉华，顾春华，马前锋：高校思政课双线混融教学模式的建构，学校党建与思想教育，2021 年第 12 期。

［58］曲宏歌，姜淑兰：思政课三位一体教学模式的探索，学校党建与思想教育，2021 年第 16 期。

［59］马焕：从翻转课堂到智慧课堂的思政课教学模式创新探究，学校党建与思想教育，2020 年第 16 期。

［60］牛田盛：高校思想政治理论课教学法创新模式比较分析及启示，思想政治教育研究，2019 年第 1 期。

［61］沈步珍，罗锐：马克思主义实践观对高校思政课实践教学模式建构的启示，学校党建与思想教育，2021 年第 14 期。

［62］杨志超：高校思想政治理论课混合式教学模式的建构路径探析，思想教育研究，2016 年第 6 期。

［63］高翔莲，傅安洲，阮一帆：高校思政课"一线二红三实"立体教学模式探索，中国高等教育，2017 年第 24 期。

［64］邓卫：推进教学模式改革与创新 提升思政课针对性和实效性，中国高等教育，2015 年第 21 期。

［65］马一：线上线下混合式教学行动研究——信息技术与思政课教学融合创新，教育学术月刊，2020 年第 7 期。

［66］王露：以思政课推进铸牢大学生中华民族共同体意识：思政教学"N+4+3"模式探究，民族教育研究，2021 年第 1 期。

［67］厉晓妮，林海燕：高校思政课"问题导向"教学模式研究，学校党建与思想教育，2020 年第 21 期。

［68］李寒梅：社会主义核心价值观教育内化：高校思政课教学的关键，思想理论教育导刊，2021 年第 2 期。

［69］周增为：从课程与教学维度思考思政课一体化建设，中国高等教育，2020 年第 1 期。

［70］黄爱华：高校思想政治理论课教学模式变革研究，南京理工大学，2015 年。

［71］董前程：高校思想政治理论课教学模式改革研究，东北林业大

学，2017 年。

［72］侯明志：论高校学生思想政治教育学生主体性存在的问题及对策，西南师范大学，2005 年。